事例による

資産税の実務研究

【税務判断のポイント64】

八ッ尾順一　著

清文社

は　し　が　き

　本書は、月刊税務事例（財経詳報社）に連載した過去10年間の「税務判断のポイント（資産税）」の原稿64本に加筆・修正したものである。

　本書の形式は、資産税を「相続税」「贈与税」「譲渡所得税」「財産評価」そして「その他」に分類し、それぞれ具体的な事例を紹介、それに対する回答を簡潔に示し、さらに、コメントを加えている。また、事例に関連する条文、通達、判例・裁決・情報（国税庁）などを付け加えている。

　事例の内容は、課税実務において、納税者と課税庁の間で、争いのあるものが多く含まれ、また、税法の欠缺によって生じる問題なども紹介している。分かりやすくするために、事実関係はできるだけ図解化し、争点を明らかにし、また、回答も簡潔にしている。ただ、回答と異なる見解も多く示し、事例における考え方を深めるように工夫したつもりである。資産税は、民法や会社法を基礎として課税がなされることから、事例に関連する条文等については、税法以外の法律をできるだけ列挙している。

　本書の事例の中には、判例や裁決をベースとして作成されたものが多くあるが、ベースとなった判例では、下級審の判断がしばしば覆されていることがある。租税法の基本的な原則である「租税法律主義」に基づいて判断していると思われる下級審の判断が、高裁や

最高裁によって、課税の公平という観点から、逆転判決しているケースがみられる。租税法の解釈について、法的安定性の要請から、原則として、「文理解釈」で行うべきものを、裁判官自身の結論を導き出すために、「拡張解釈」や「類推解釈」などを安易に行っていることがある。特に、租税回避については、裁判官の租税回避に対する認識の相違によって、それぞれの租税実体法の解釈を使い分け、結論を導き出しているようである。

　本書の回答は、必ずしも裁判の結論と同一ではない。理論上、疑問のある判決については、あえて異なる回答をしている。読者の方々も、机上で、一緒に考えていただけたらと思っている。

　本書については、「月刊 税務事例」の発行所である財経詳報社の宮本弘明社長に本書の出版を快諾していただき感謝している。また、本書の上梓については、清文社の小泉定裕社長はじめ、同社の編集部の橋本佳澄氏にお世話になった。さらに、本書の内容については、税理士の金口悦朗氏に貴重な助言を頂いた。これらの方々に、厚くお礼を申し上げたい。

平成28年9月

八ッ尾順一

目次

I 相続税

1	停止条件付遺贈	2
2	相続税法19条の2と「分割された財産」	6
3	同族会社に対する債務を回避するための相続放棄	10
4	民法255条と遺贈	14
5	民法910条に基づく価額弁償金と相続税の課税価格	18
6	売買契約成立後の相続と解約	22
7	相続開始前の自社株式の譲渡	27
8	代償分割と代償債権の評価	31
9	会社再建目的の売買と相続税法64条	34
10	即身成仏と相続税の期間制限	38
11	時効取得と相続税の更正の請求	42
12	家賃の長期未払い・家屋の未使用等と貸家の認定	47
13	金融機関から払戻しを受けた金員と配偶者の税額控除	51
14	相続放棄と生命保険金	55
15	庭内神し（敷地）と非課税	59
16	一般社団法人の活用	63
17	医療法人に対する遺贈	67
18	認知症と無権代理	71
19	遺言書と異なる遺産分割協議	76
20	遺留分減殺請求と相続税申告	81

21	小規模宅地等の特例と非同居親族	86
22	相次相続控除と配偶者控除	90
23	売買契約後の相続開始	93
24	未分割遺産に対する課税	97
25	生命保険料の負担と課税関係	102
26	配偶者の税額軽減と仮装・隠ぺい	106

Ⅱ 贈与税

1	低額譲受と贈与税の配偶者控除	110
2	みなし贈与～取引相場のない株式の譲渡～	114
3	人格のない社団等に対する贈与	119
4	同族株式評価の錯誤と再遺産分割協議	123
5	合資会社における無限責任社員と有限責任社員の交代	127
6	贈与税の配偶者控除と居住	131
7	贈与税の配偶者控除と持分贈与	135
8	財産分与と住宅ローン	139
9	共有物の放棄と所得税法60条1項	143
10	信託設定とその対価の負担	148
11	相続時精算課税と贈与者又は受贈者の死亡	151

Ⅲ 譲渡所得税

1	医療法人と租税特別措置法35条	156
2	保証債務の特例（所得税法64条2項）	160
3	借地権の無償返還とその譲渡	165

4	限定承認とみなし譲渡の法定納期限	169
5	宗教法人に対する不動産の換価代金の遺贈	172
6	合名会社の無限責任社員と保証債務	176
7	遺留分減殺請求と価額弁償	180
8	負担付遺贈の土地の譲渡	185

Ⅳ 財産評価

1	定款変更と出資持分の評価	190
2	匿名組合契約による最終分配金と非経常的利益	195
3	使用貸借とその敷地評価	199
4	議決権制限種類株式の発行と事業承継	203
5	建物の建替え予定と不動産の評価	207
6	認知裁判による取得財産の評価時期	211
7	タワーマンションと租税平等主義	216
8	信託と受益権評価	221
9	評価通達と特別な事情	225

Ⅴ その他

1	みなし配当と租税回避	230
2	タンス預金と重加算税	235
3	米国のＬＬＣと帰属主体	239
4	親族間の売買とみなし贈与	243
5	被相続人の還付請求権と相続財産	248
6	物納における管理処分不適格財産	252

7	税務調査と書面添付	257
8	相続によって取得した賃貸マンションと簡便法	261
9	未分割の不動産所得	266
10	サービサーからの債権買取と課税関係	271

凡　例

国通法………国税通則法		相令………相続税法施行令
所法…………所得税法		相基通……相続税法基本通達
所令…………所得税法施行令		措法………租税特別措置法
法法…………法人税法		措令………租税特別措置法施行令
法基通………法人税基本通達		措通………租税特別措置法通達
相法…………相続税法		民…………民法

（引用例）

所法7①一……所得税法第7条第1項第1号

法基通9-2-32……法人税基本通達第9章第2節の9-2-32

本書の内容は、平成28年9月30日現在の法令によっています。

I

相続税

1 停止条件付遺贈

事例

　甲（被相続人）が死亡した後に、甲の公正証書の遺言書が発見された。当該遺言は、「停止条件付」の内容のものであった。すなわち、配偶者乙が甲の（病気中の）母親に対して5年間看護をした場合には、甲の財産（10億円）の3/4を乙に遺贈するというものであった。甲には乙以外に法定相続人として2人の子供（丙及び丁）がいた。しかしながら、当該遺言書が発見される前に、相続人（配偶者乙、子供丙及び丁）間の話し合いで、甲の財産について3人で平等に分割することを決めて、分割協議書を既に作成していた。この場合、相続人の分割協議書どおりに相続税の申告をしても良いか。また、遺言書に記載されている条件（5年間甲の母親を世話すること）が成就した時に、後発的な更正の請求をすることができるのか。その時には、配偶者の法定相続割合まで、配偶者の税額軽減

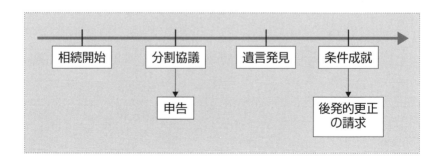

Ⅰ 相続税

（相法19の２）を受けることができるか。

回答

　相続人の分割協議に基づいて提出された相続税の申告は認められる。また、その後、遺言書に記載された条件が成就した時には、後発的な更正の請求をすることができ、配偶者の税額軽減を受けることができる。そして、この配偶者の税額軽減の適用は、「１／３」（分割割合）から「１／２」（配偶者の法定相続割合）になる。

コメント

　民法985条２項では、停止条件付きの遺言の効力として「遺言に停止条件を付した場合において、その条件が遺言者の死亡後に成就したときは、遺言は、条件が成就した時からその効力を生ずる」と規定している。したがって、遺言は、当該条件が成就した時からその効力を生じるというのであるから、成就する前においては、遺言の効力が生じていないということになるので「未分割」の状況にあるといえる。そして、相続税法基本通達11の２-８では、「停止条件付遺贈があった場合の課税価格の計算」として、「停止条件付の遺贈があった場合において当該条件の成就前に相続税の申告書を提出するとき又は更正若しくは決定をするときは、当該遺贈の目的となった財産については、相続人が民法900条《法定相続分》から903条《特別受益者の相続分》までの規定による相続分によって当該財産を取得したものとしてその課税価格を計算するものとする。ただし、当該財産の分割があり、その分割が当該相続分の割合に従ってされなかった場合において当該分割により取得した財産を基礎とし

3

て申告があった場合においては、その申告を認めても差し支えない
ものとする。」との取扱いを定めている。すなわち、条件が成就す
るまでは、「未分割」として、法定相続分で取得したものとして相
続税の課税価格を計算するとしているが、相続人が分割した場合に
は、当該分割に基づいた申告も認めるということである。本件につ
いても、相続人は相続財産の分割を決めて、分割協議書を作成して
いたのであるから、それに基づいた申告書を提出することができ
る。この場合、配偶者である乙の分割割合は相続財産の「1／3」
であるから、当該割合については、配偶者の税額軽減の適用を受け
ることができる。また、その後、条件が成就したときには、相続税
法32条「更正の請求の特則」5号の「前各号に規定する事由に準ず
るものとして政令で定める事由が生じたこと」を受けて、当該事由
に準ずるものとして、相続税法施行令8条2項3号で、「条件付又
は期限付の遺贈について、条件が成就し、又は期限が到来したこ
と」が挙げられている。したがって、本件については、相続人は、
当該事由（条件成就）が生じたことを知った日の翌日から4月以内
に限り、相続税法32条5号（更正の請求の特則）の規定による更正
の請求ができることになる。この場合、配偶者の乙の相続分の割合
は、相続財産の「1／3」から「3／4」に増加するのであるから、
配偶者の税額軽減の適用は、「1／3」（分割割合）から「1／2」
（配偶者の法定相続割合）になるのである（なお、相続税法19条の
2の規定から、3年以内に分割できないことにやむをえない事情が
ある旨の承認申請をして、所轄税務署長の承認を得ておく必要があ
ると思われる）。

4

Ⅰ 相続税

参考条文等

①　民法900条《法定相続分》

②　民法903条《特別受益者の相続分》

③　民法985条《遺言の効力の発生時期》

④　相続税法19条の２

⑤　相続税法32条

⑥　相続税法施行令８条２項３号

⑦　平成19.6.18裁決

　　原処分庁は、本件贈与証明書の３の記載に基づき２回目の贈与が死因贈与に該当すると解しているが、5,000万円を贈与することについて、その１及び２の記載において具体的に定められていると認められ、被相続人が死亡しなくてもＤは贈与を受けることができるのであり、また、本件贈与証明書の３の記載は、年明けまでに被相続人が死亡した場合に、滞りなく贈与が実行されるよう翌年１月１日の履行時期を待たずしてその履行を早める旨を定めたもので、単に贈与の履行時期の特約に過ぎないものと認められるから、２回目の贈与は贈与者の死亡により効力が生ずる民法554条の死因贈与に該当しないものと解するのが相当である。

2 相続税法19条の2と「分割された財産」

事例

　被相続人甲は、平成23年7月22日に死亡し、その配偶者乙との間で子供がいなかったことから、甲の兄弟姉妹の法定相続割合は相続財産の1/4である。ところが、乙と兄弟姉妹の間で、甲財産の分割が、相続申告時期までに決まらなかったことから、未分割で相続の申告をした。その後、甲の名義の預貯金について、乙は裁判所に当該金員（元本及び利息）の支払を求める訴えを提起し、裁判所が乙の主張を認めたことから、平成26年2月10日に、銀行から乙の法定相続分に相当する金員（3/4）の支払を受けた。

　この場合、乙が銀行から受けた乙の法定相続分に相当する金員は、相続税法19条の2第2項ただし書の「分割されていない財産が相続税の申告期限から3年以内に分割された場合には、その分割された財産を軽減の対象に含める旨」の規定に該当し、「配偶者に対

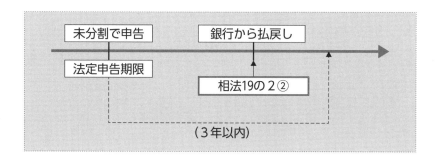

Ⅰ 相続税

する相続税額の軽減」に基づく更正の請求が認められるのか。すなわち、遺産分割がなされていない場合であっても、配偶者が銀行から払戻しを受けた法定相続分相当の預貯金は、配偶者にかかる相続税額の軽減の適用上、「分割された財産」として、更正の請求の対象となるのか。なお、裁判所の判決の有無は、当該結論に影響を与えるのか。

回答

　銀行から払い戻された乙の法定相続分に相当する預貯金等については、相続人間で分割の合意をみなくても、乙が当該金員を実効支配するに至っていることから、「分割された財産」に該当し、そうすると、銀行から支払を受けた平成26年2月10日は、相続税の申告期限から3年以内であるから、更正の請求は認められることになる。この結論は、裁判所の判決の有無に影響されない。

コメント

　相続税法19条の2第1項は、被相続人の配偶者が当該被相続人から相続又は遺贈により財産を取得した場合に納付すべき税額を軽減する旨を規定し、同条第2項本文においては、相続税の申告期限までに当該相続又は遺贈により取得した財産の全部又は一部が共同相続人又は包括受遺者によってまだ分割されていない場合においては、分割されていない財産を、軽減の対象に含めない規定をしている。ただ、相続税法19条の2第2項ただし書で、上記分割されていない財産が相続税の申告期限から3年以内に分割された場合には、その分割された財産を軽減の対象に含める旨を規定し、同法32条

7

は、第6号において、上記ただし書に該当したことにより、税額が軽減されることとなったことを事由とし、その事由が生じたことを知った日の翌日から4か月以内に限り、国税通則法23条《更正の請求》第1項の規定による更正の請求をすることができる。

本件については、銀行から乙が預貯金の支払を受けた金員が、「分割された財産」に該当するか否かが争点になる。ところで、預貯金については、相続人間で分割の合意がなくとも、配偶者が銀行に対して、その相続分相当額について払戻請求を行い、相続税法19条の2第2項本文に規定する相続税の申告期限までに実際に払戻しを受けたときには、配偶者である乙は当該金員を実効支配することに至っていることから、払戻しを受けたその相続分相当額については、同項本文に規定する「分割されていない財産」には該当しないと解するのが相当である。そして、同項ただし書に規定する「分割された場合」には、申告期限後に預貯金について銀行からの払戻しを受けた場合が含まれ、かつ、同項ただし書に規定する「分割された財産」には、配偶者である乙が払戻しを受けたその相続分相当額が含まれると解するのが相当である。

なお、銀行は、遺産分割が確定していない場合でも、共同相続人等の一部から預金等の一部払戻請求があった場合にその払戻しを行うことがあるが、これは、各共同相続人が相続分に応じた処分権を有していることから法律上支払を拒絶できないことによるものと解される。したがって、（裁判所の判決の有無にかかわらず）銀行が相続人からの請求に基づいて、預貯金を払い戻したとしても上記の結論は影響されないことになる。

Ⅰ 相続税

参考条文等

① 国税通則法23条

② 相続税法19条の2

③ 相続税法32条

④ 相続税法基本通達19の2-8《被相続人の配偶者が遺産分割前に法定相続分に相当する頭金の払戻しを受けている場合の配偶者に対する相続税額の軽減》

⑤ 国税庁の質疑応答事例（被相続人の配偶者が遺産分割前に法定相続分に相当する預金の払戻しを受けている場合の配偶者に対する相続税額の軽減）

【照会要旨】

　被相続人甲の共同相続人は、配偶者乙、兄弟姉妹2人の計3人であり、相続財産について分割協議は整っていません。配偶者乙は、相続財産に属するA銀行の預金1億円について、同行に対し自己の法定相続分（3/4）に相当する金員7,500万円（以下「本件金員」という。）の払戻しを求める訴えを提起し、勝訴判決を受け、その払戻しを受けました。この場合、本件金員について、配偶者に対する相続税額の軽減（相法19の2）の適用を受けることができますか。

【回答要旨】

　配偶者に対する相続税額の軽減の対象は、配偶者が実際取得した財産に対応する相続税額であり、実際取得とは、分割協議などにより遺産が抽象的な共有の状態から具体的に特定の者の所有に帰属されることです。本件金員については、配偶者乙が相続開始と同時にその相続分に応じて権利を承継したものであること、かつ、後の勝訴判決により具体的に自己に帰属させていることから、配偶者に対する相続税額の軽減を適用して差し支えありません。

9

3 同族会社に対する債務を回避するための相続放棄

事例

　甲株式会社（同族会社）は、5年前に退職した前社長A（76歳）に対して1億円の債権を有している。現社長B（Aの長男）は、Aが死亡し、父であるAの資産等を相続すると、Aの有している甲株式会社の債務も引き継ぐことになる。

　Aは、資産として土地・家屋（3,000万円）、山林（1,000万円）、甲株式（3,000万円）を有しているが、甲株式会社に対する債務（1億円）があることから、A自身は、次図に示すように債務超過の状態である。

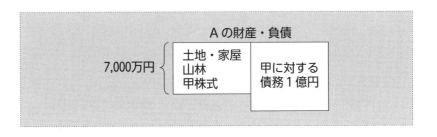

　Aが死亡し、Bが、Aの相続人になると、Bは、甲株式会社に対する1億円の債務を引き継ぎ、当該借入金を支払い続けなければならないことになる。そこで、他の相続人とともに、「相続放棄」（民938、939）をした場合、甲株式会社は、Aに対する債権者として、

I 相続税

Aの上記保有資産の引渡を請求（代物弁済（民482））することになるが、この場合、どのような課税関係が生じるのか。なお、Aに対する債権者は、甲株式会社のみである。

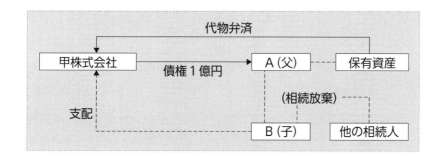

仮に、BがAの相続をすると、Aの保有する資産等は取得することができるものの、甲会社に対する債務も引き継ぐことから、相続放棄をするのであるが、課税上問題が生じることはあるのか。

回答

甲株式会社が被相続人Aの保有する資産を代物弁済によって取得したとしても、課税関係は生じない。また、相続人Bらが、甲株式会社への債務の引継を回避するために、相続放棄をしても課税上の問題は起こらない。

コメント

相続の放棄は、相続の開始のあった日から3カ月以内にしなければならない（民915①）。そして、相続の放棄によって、「初めから相続人とならなかったものとみなす（民939）」ことになる。相続人

がすべて相続放棄をして、相続人が存しなくなった（相続人のある
ことが明らかでない）ときは、「相続財産は、法人とする（民
951）」ことになる。このように、相続人がいない場合、相続財産が
相続財産法人と擬制される理由は、相続人不存在により主体のない
財産を生じさせることを避け、相続財産を管理・清算させることに
あると言われている。その意味では、相続財産法人の法的性質につ
いては、遺産の清算を目的とする清算法人類似の財団法人のような
ものと解されている。

なお、相続財産法人の成立時期は、主体のない財産があってはな
らないために相続財産法人が擬制されるという理由から、被相続人
の死亡時とし、相続財産管理人の選任によって、具体的な存在が明
らかになると解されている。

本件については、民法上の「相続財産法人」であるが、当該法人
は債務超過の状態であるうえ、相続財産法人については、納税義務
者の規定が存しないことから、法人税の納税義務者には該当しな
い。

また、甲株式会社は、Aに対する債権を有していることから、代
物弁済として、Aの保有していた資産を取得したとしても、債権の
額の方がAの保有資産の時価よりも大きいことから、受贈益は発生
せずに、その差額は、以下のように貸倒損失（3,000万円）となる。

（借方）	土地・家屋	3,000万円	（貸方）	債権	1億円
	山林	1,000万円			
	自社株式	3,000万円			
	貸倒損失	3,000万円			

Ⅰ 相続税

　すなわち、本件事例について、ＢはＡに係る相続を放棄すること
によって、Ａの保有する資産をＢが支配する甲株式会社に無税で移
すことができ、ＢはＡの債務を引き継ぐことを回避することができ
ることになる。

参考条文等

① 民法482条《代物弁済》

② 民法915条《相続の承認又は放棄をすべき期間》

③ 民法938条《相続の放棄の方式》

④ 民法951条《相続財産法人の設立》

⑤ 民法952条《相続財産の管理人の選任》

⑥ 民法939条《相続の放棄の効力》

⑦ 法人税法22条3項3号

4 民法255条と遺贈

事例

甲は乙とともにA土地を共有で保有していた。ところが、乙が交通事故で死亡し、乙に相続人がいなかったので、甲は、民法255条《持分の放棄及び共有者の死亡》によって、乙の持分を取得することになった。この場合、甲にはどのような課税関係が生じるのか。

なお、乙の財産は、A土地の持分しかなく、その乙の持分の相続税評価額は、3,000万円である。

また、乙に「特別縁故者」（民958の3）がいた場合、その者の存在が明らかでないときにはどのようになるのか。

　（注）　過去の判例等では、特別縁故者の範囲には、①内縁の夫婦、②事実上の養親子、③献身的に看護等をした者などが該当する。

Ⅰ 相続税

回答

　甲と乙の共有物件（土地）について、乙が死亡し、その乙に相続人がいなければ、当該乙の土地の持分については、他の共有者である甲に帰属することになるが、その場合、甲は「遺贈」によって乙の持分を取得したことになる。ただし、乙の財産は、Ａ土地の持分しかなく、当該持分の評価額は、3,000万円であるから、相続税の基礎控除額3,000万円以下（相法15）となり、相続税の課税は生じない。また、乙に特別縁故者がいた場合でも、本件のように存在不明等によって特別縁故者に財産分与がなされないことが確定したときには、死亡した乙の持分は他の共有者である甲に帰属することになる。

コメント

　民法255条では、「共有者の一人が、その持分を放棄したとき、又は死亡して相続人がないときは、その持分は、他の共有者に帰属する」と規定し、一方、民法958条の３では、「前条の場合（注：権利を主張する者がいない場合）において、相当と認めるときは、家庭裁判所は、被相続人と生計を同じくしていた者、被相続人の療養看護に努めた者その他被相続人と特別の縁故があった者の請求によって、これらの者に、清算後残存すべき相続財産の全部又は一部を与えることができる」と規定しているが、最高裁（平1.11.24判決）では、「共有者の一人が死亡し、相続人の不存在が確定し、清算手続が終了したときは、その共有持分は特別縁故者に対する財産分与の対象になり、右財産分与がなされず、共有持分を承継すべき者のないまま相続財産として残存することが確定したときにはじめて、

15

民法255条により他の共有者に帰属する。」と判断しているように、民法958条の３の規定《特別縁故者》は、同法255条の規定《共有者》よりも優先して適用されることになる。ただし、特別縁故者の財産分与の請求は、民法958条《相続人の捜索の広告》の期間の満了後３か月以内にしなければならない（民958の３）ので、この期間を経過しても特別縁故者から請求がなされない場合には、民法958条の３第１項の適用はないことになる。

すなわち、乙に「特別縁故者」（民958の３）がいたとしても、特別縁故者の財産分与の請求が３か月以内になされなければ、甲は、民法255条に基づいて、乙の持分を遺贈により取得することになるのである。

なお、国税庁の質疑応答事例では、「民法255条の規定により共有持分を取得した場合の相続税の課税関係」と題して、「相続財産の評価時点は、相続開始の時」で相続税の申告期限は、原則として、次のようになると回答している。

① 特別縁故者による財産分与の請求がない場合

　特別縁故者の財産分与の請求期限の満了の日の翌日から10か月以内

② 特別縁故者による財産分与の請求がある場合

　分与額又は分与しないことの決定が確定したことを知った日の翌日から10か月以内

参考条文等

① 民法255条《持分の放棄及び共有者の死亡》

16

Ⅰ 相続税

② 民法958条の3《特別縁故者》

③ 相続税法9条

④ 相続税法15条

⑤ 相続税法22条

⑥ 相続税法27条

⑦ 相続税法基本通達9-12

⑧ 最高裁平成1.11.24判決

⑨ 国税庁の質疑応答事例（民法225条の規定により共有持分を取得した場合の相続税の課税関係）

5 民法910条に基づく価額弁償金と相続税の課税価格

事例

　甲は、乙（被相続人）の死（平成15年2月）後、認知された相続人であるが、乙の遺産の分割について、家庭裁判所に調停の申立てをしたところ、申立て当時、既に乙の嫡出子である長男丙、次男丁及び三男戊（以下「長男丙ら」という）によって遺産の全部について分割が終了していた。そこで、甲と長男丙らは家庭裁判所で協議し、本件遺産（大部分が不動産）の調停時の時価10億円（鑑定評価に基づく評価）の1/10の額に相当する1億円の価額弁償金を交付する旨などを調停条項とする調停が平成20年1月に当事者間で成立した。長男丙らの相続税はすでに申告されていたのであるが、その際の本件遺産の相続税の課税価格は、6億円であった。

　この場合、甲が相続税の申告をするときに、価額弁償金1億円を甲に係る相続税の課税価格とすべきか。また、相続開始後から本件

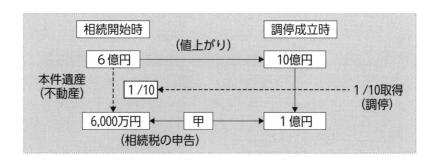

18

調停の成立の時までの本件遺産の上昇分を考慮して、6,000万円（1億円×6億円÷10億円）を相続税の課税価格とすべきか。

回答

甲の相続税の課税価格は、

① 本件の価額弁償は裁判所の調停において行われていること

② 本件の価額弁償金の額は、鑑定評価を基礎とする本件遺産の全部に係る本件調停時の時価を基として算定されていること

③ 本件遺産の大部分を占める不動産については、本件相続開始の時から本件調停の成立の時までの間に、価額が著しく上昇していること

などから「6,000万円」とするのが妥当である。

コメント

民法910条は、「相続の開始後認知によって相続人となった者が遺産の分割を請求しようとする場合において、他の共同相続人が既にその分割その他の処分をしたときは、価額のみによる支払の請求権を有する。」と定めている。甲は、この民法910条に基づいて、遺産の現物の取得者（長男丙ら）から価額弁償金の交付を目的とする債権を取得し、当該価額弁償債権も、実質的には相続又は遺贈によって取得した財産と解されることから、相続税の課税対象となる。そして、この場合、価額弁償金の交付を受けた者（甲）に係る相続税の課税価格の計算をどのようにするのかが本件の争点である。

相続税の課税価格については、相続税法11条の2第1項において

「相続又は遺贈により財産を取得した者が法１条の３第１号又は第２号の規定に該当する者である場合においては、その者については、当該相続又は遺贈により取得した財産の価額の合計額をもつて、相続税の課税価格とする。」と規定しており、この規定によると、相続税の課税価格について、甲は１億円、長男丙らは５億円（６億円−１億円）となる。しかしながら、この計算は、甲については、「調停時点の時価」で、長男丙らは、「相続開始時点の時価」で、しかも甲の相続する遺産の、相続開始から調停成立までの値上がり益を長男丙らの相続税の課税価格から控除するという矛盾を含んでいる。その意味では、合理的な計算方法とはいえない。

　したがって、このような不合理な結果となる場合においては、価額弁償金の交付を受けた者及び価額弁償金の交付をした者に係る相続税の課税価格の計算上、価額弁償金の価額は、当該交付される価額弁償金の金額に、価額弁償の対象となった財産の相続開始の時における相続税評価額と、価額弁償金が交付されることになった時における通常取引価額との比を乗じて計算するのが合理的である。ただ、この場合、4,000万円（１億円−6,000万円）の相続開始時から調停成立時までのキャピタルゲイン課税については、結果として、長男丙らが負担することになる。

参考条文等

① 　民法910条《相続の開始後に認知された者の価額の支払請求権》
② 　相続税法11条の２第１項
③ 　相続税法基本通達11の２−10

④ タックスアンサー No.4173「代償分割が行われた場合の相続税の課税価格の計算」

6 売買契約成立後の相続と解約

事例

　甲（被相続人）は、自己所有のＡ土地について、乙（第三者）との間で5,000万円で売買する合意ができ、当該土地の売買契約（引渡は契約日から３か月後）を締結したのであるが、その１か月後に、交通事故で死亡した。売買契約時点で、甲は、Ａ土地の手付金として乙から1,000万円の金員を受けていた。しかしながら、甲の相続人丙らは、当該土地の譲渡を嫌い、当該契約を解約し、そのために、契約違約金（民557①）として契約時に受け取っていた1,000万円の他に1,000万円を乙に支払った。なお、Ａ土地の相続税評価額は、4,500万円であった。

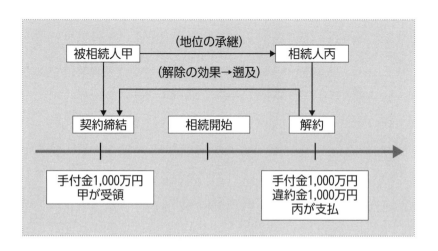

甲の相続税の課税関係は、次のうち、どれが妥当か。

①　A土地の相続税評価額（4,500万円）で申告し、手付金（1,000万円）と違約金（1,000万円）を相続財産の負債とする。

②　売買契約に基づく残代金請求権（4,000万円）で申告する。

③　残代金請求権で申告するとともに違約金を相続財産の負債とする。

回答

②の売買契約に基づく残代金請求権（5,000万円-1,000万円）が甲の相続により相続人丙らが取得した財産となる。相続人は、残代金請求権を取得したのであるから、小規模宅地の特例（措置法69の4）は適用できない（広島地裁は、これに反する判決を下している（詳細は次ページ以降）。）。

コメント

土地等又は建物等の売買契約が行われ、その取引に関する売買契約の当事者の義務の全部が履行される前に、どちらか一方が死亡した場合、当該売買の対象となった不動産について相続ではどのような評価を行うかというのが、本件事例の争点であるが、その後、当該売買契約が相続人によって解約された場合、相続の評価が変更されるかということも本事例では問われている。

不動産の売買契約を行い、その後、相続が開始した場合には、相続財産の内容及び課税価格は、「売主」及び「買主」において、それぞれ次のようになる。

①　売主　→　不動産の譲渡の対価の相続開始時点の未収入金

（残代金請求権）

② 買主 → 不動産の引渡請求権等と当該不動産の相続開始時点の未払金

また、民法545条では、「解除の効果」として、「①当事者の一方がその解除権を行使したときは、各当事者は、その相手方を原状に復させる義務を負う。ただし、第三者の権利を害することはできない。②前項本文の場合において、金銭を返還するときは、その受領の時から利息を付さなければならない。③解除権の行使は、損害賠償の請求を妨げない。」と規定している。すなわち、契約が解除されると、以下の効果が発生する。

① 未履行債務などの、契約による法的拘束からの解放

② 既履行債務に対する原状回復義務の発生（民545①）

③ 償いきれない損害がある時は、損害賠償請求権が発生（民545③）

④ 当該効果によって第三者を害することはできない（民545①ただし書）

したがって、被相続人の権利義務を引き継いだ相続人丙らが被相続人の契約を解除した場合には、損害賠償金を支払うことになるのであるが、当該解除は、被相続人甲が行ったのではなく、相続人丙らが行ったのであるから、被相続人甲に係る相続開始時の課税価格を計算する上では当該解約の効果について考慮する必要がないと考えるべきである。そうすると、本件については、相続開始時点での残代金請求権（4,000万円）が相続の課税財産になる。なお、残代金請求権であるから、小規模宅地等の特例（措法69の4）を受けることはできない。

I 相続税

　これに対して、広島地裁平成23.9.28判決は、売買契約が解除されたことから、当該契約締結の日に遡って消滅し、相続開始日においては売買契約が存在せず、売買代金債権も存在しなかったと判断している。しかしながら、このような判断をすると、相続人の解除をするかしないかという恣意的な判断によって、被相続人の相続財産の内容が変わることになることから、採用すべきでないと思われる。

参考条文等

① 民法545条《解除の効果》

② 民法557条《手付》

③ 租税特別措置法69の4

④ 最高裁昭和61.12.5判決

> 　相続税の課税財産に関し、被相続人Pは昭和47年7月7日その所有土地につき売買契約を締結したが、この契約においては、土地の所有権移転の時期を売買代金の残金が支払われた時とする特約があり、右残代金が支払われたのは、Pの死亡（相続開始）後の昭和47年12月15日であるため、同人が死亡当時にはいまだ買主側に移転しておらず、したがって土地はPの遺産として同人の相続人に承継されたものであるとの事実関係のもとにおいては、たとえ土地の所有権が売主に残っているとしても、もはやその実質は売買代金債権を確保するための機能を有するにすぎないものであり、右土地の所有権は、独立して相続税の課税財産を構成しないというべきであって、相続税の課税財産となるのは、売買残代金債権であると解するのが相当である。

25

⑤　広島地裁平成23.9.28判決

> 　相続税の課税財産（課税物件）は、「相続により取得した財産」であり、同法には、「相続により取得した財産」に関して、みなし相続財産、非課税財産などの規定があるほかは、「相続」や「相続により取得した財産」に関する規定がないため、「相続により取得した財産」の解釈にあたっては、相続に関する民法の規定に整合するように解釈すべきであり、そうすると、ある財産が、相続開始後の解除の遡及効（民545①参照）によって民法上の相続財産に帰属しないとされた場合には、相続税法上の「相続により取得した財産」にも帰属しないことになる。

⑥　国税庁資産税課情報第1号（平成3.1.11）

> 　売買契約に係る売主に相続が開始した場合には、相続又は遺贈により取得した財産は、当該売買契約に基づく相続開始時における残代金請求権とする。

7 相続開始前の自社株式の譲渡

事例

　体調の優れなかった甲は、A株式会社の代表取締役であったが、顧問の税理士から事業承継を円滑に行うための助言を受けた。すなわち、甲の所有しているA社株式（90％所有）から、総株式発行数の30％を従業員持株会に譲渡することを勧められたのである。

　A社株式の原則的評価方式による価額は、「50,000円／1株」で、配当還元方式による価額は、「1,000円／1株」である。A社の総株式発行数は、50,000株で、その30％の株数は、15,000株となる。甲が、配当還元方式の価額（1,000円／1株）で、従業員持株会に30％の株式数を譲渡すると、甲の相続財産から7億3,500万円（(50,000円−1,000円)×15,000株）を減少させることが可能となる。甲は、その後、体調がさらに悪化し、入院したときに、A社株式の30％を従業員持株会に1株1,000円で譲渡することを決めた。

A社株式の譲渡については、「取締役会の承認」が必要であったため、急遽、取締役会の承認を得て、売買を行った。売買契約書には、公証人役場で、確定日付を貰っている。また、従業員持株会から、A社株式の譲渡代金である1,500万円が甲の銀行口座に振り込まれている。甲は、A社株式を譲渡するときに、ベッドから起床することができない状態であったが、看護師と談笑するなど、意思能力は有していた。

上記のA社株式を譲渡した一週間後に甲は死亡したが、被相続人である甲の相続財産として、A社株式について、その60%（90%-30%）を相続財産としてもよいか。

回答

甲と従業員持株会との間で締結された「売買契約」が、有効に成立している以上、当該譲渡の目的が、相続税対策（租税回避）であったとしても、当該売買契約を否認することはできない。また、相続税法64条の適用についても、譲渡の相手先が、従業員持株会であることから適用されない。

コメント

本件に類似した事例としては、浦和地裁昭和56.2.25判決（納税者勝訴）がある。この事例は、被相続人が生前に自己の同族会社に対する貸金を免除した行為に対して、課税庁が相続税法64条を適用したものである。相続税法64条の適用については、金子宏名誉教授は、「この規定によって否認が認められるためには、同族会社の行為（単独行為でも契約でもよい）が必要であり、株主の単独行為は

否認の対象とならない。したがって、主要株主からの財産の死因贈与、低価買入等は、否認の対象になるが、同族会社の株主である被相続人が生前会社に対してなした債務免除(単独行為)は、否認の対象にならない。」(「租税法(第19版)」(弘文堂)569～570頁より引用)として、浦和地裁の判決に賛意を示している。本件については、相手方が、「従業員持株会」であるから、相続税法64条の適用はないが、仮に、同族会社であれば、「売買契約」を行っていることから、同条の適用は可能となる。

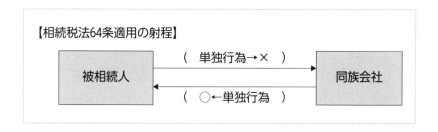

本件については、
① A社株式の譲渡に関しては、売主を被相続人、買主を従業員持株会とする確定日付のある売買契約書が存在すること
② A社株式の譲渡の時、被相続人は看護師と談笑するなど、その意思能力を有していたこと
③ A社株式について本件株式の譲渡代金が被相続人の預金口座に入金されていたこと
④ A社株式の譲渡について、取締役会の承認を得ていることなどから、法的にも、甲と従業員持株会との間で締結された「売買契約」については、有効に成立していたものと認められる。また、

このような相続税額を減少させる行為が、「租税回避」に該当する
としても、それを否認する規定が存しない以上は、そのことをもっ
て、当該行為を否認して課税することは、租税法律主義の観点から
も許されることはない。

参考条文等

① 相続税法64条
② 浦和地裁昭和56.2.25判決

> 　相続税法64条《同族会社の行為又は計算の否認》1項にいう
> 「同族会社の行為」とは、その文理上、自己あるいは第三者に対
> する関係において法律的効果を伴うところのその同族会社が行う
> 行為を指すものと解すべきところ、同族会社以外のものが行う単
> 独行為は、その第三者が同族会社との間に行う契約や合同行為と
> は異なって、同族会社の法律行為が介在する余地の無いものであ
> るから、「同族会社の行為」とは相容れない概念であると言わざ
> るをえない。

8 代償分割と代償債権の評価

事例

相続人甲は、被相続人乙の相続財産を相続したのであるが、その中に先代丙（被相続人乙の父）の不動産A（法定持分1/5）が含まれていた。相続人甲が被相続人乙の相続税を申告した後に、当該不動産Aについて、先代の相続財産の遺産分割について、家庭裁判所の調停が成立し、先代の共同相続人から代償分割による代償金2,000万円を受領した。

事実関係の時間的な流れは、次のとおりである。

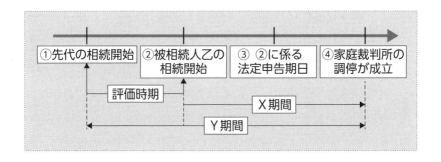

この場合、相続人甲は、代償金（代償債権）の「評価時期」、「評価額」、及び「課税関係」についてどのように考えたらよいか。

回答

　相続人甲は、本件調停によって被相続人に代位して代償金を取得したのであり、このことは、被相続人乙が先代から相続により取得した代償債権を、被相続人乙の死亡を原因として、相続人甲が被相続人乙から取得したと解するのが相当であるから、本件相続開始日における代償債権の価額を評価して、当該価額を本件相続税の課税価格とする。

コメント

① 　代償債権の評価の時期

　　本件相続に係る分割協議は請求人らの間で有効に成立（本件不動産に係る被相続人乙の法定相続分１／５についても相続人甲が取得する旨が記載されている）しており、本件不動産に係る法定相続分（１／５）については、相続人甲の相続分が確定し、本件相続に係る財産には未分割の財産は存在しないのであるから、相続税法55条《未分割遺産に対する課税》（未分割財産に係る課税価格については法定相続分により取得したものとして計算する旨規定し、ただし書で、その後の分割において、法定相続分と異なる割合で財産を取得した場合には、計算をやり直すことができる旨規定している。しかし、この場合の計算において、当該財産の分割前と分割後とにおける相続税の課税価格の会計額及び相続税の総額は変わらないと解されている。）の規定の適用はなく、また、請求人らは、本件調停によって本件被相続人に代位して本件代償債権を取得したのであり、このことは、被相続人乙が先代から相続により取得した本件代償債

I 相続税

権を、被相続人乙の死亡を原因として、この時点で相続人甲が被相続人乙から取得したと解するのが相当であるので、その評価の時期は、相続税法22条の規定により被相続人乙の相続開始の日である。

② 代償債権の評価額

上記①で述べたとおり、本件代償債権の評価の時期は、被相続人乙の相続開始の日とすべきであるから、被相続人乙の相続開始の日から本件調停が成立した日までの期間（Ｘ期間）である日数を複利現価率により圧縮した金額となる。

③ 代償債権の課税関係

本件代償債権は、相続人甲が、被相続人乙が先代から相続により取得したものを、被相続人乙の死亡を原因として取得したものであるから、本件相続に係る相続財産である。

参考条文等

① 相続税法22条

② 相続税法55条

③ 相続税法基本通達11の2-9

④ 相続税法基本通達11の2-10

9 会社再建目的の売買と相続税法64条

事例

　甲社（同族会社）は、貸ビルを建築する目的で、20億円の土地を取得し、その資金の源泉は、銀行からの借入金18億円と自己資金2億円であった。その後、貸ビルの設計図面も完成したが、近隣における家賃水準では貸ビルとしての採算がとれないことから、着工を見合わせていた。しばらくして、バブルの崩壊によって、地価が下落したために、貸ビルを建築することも外部に売却することもできなかったことから、銀行からの借入金の支払利息の増加によって、甲社の業績が悪化し、欠損会社に転落した。そこで、X（甲社の株主／被相続人）は、甲社を再建させる目的とXの相続税対策を兼ねて、甲社から当該土地を甲社の銀行残高と同額の17億円（当該土地の相続税評価額（時価）8億円）で取得し、甲社の銀行借入金をそのまま引き継いだ。その後、Xは死亡したので、当該土地及び銀行

34

からの借入金17億円をXの相続財産及び相続債務として申告した。この場合、相続税法64条1項《同族会社等の行為又は計算の否認等》が適用されるか。

回答

　相続税法64条1項が適用される。本件取引が、相続税対策と甲社の再建を目的としてなされ、その結果として、本件相続に係る相続税の計算においては、本件借入金残高を債務控除の対象としており、本件取引が本件相続に係る相続税の負担を減少又はなくすために締結されたことが認められることから、本件取引が通常の経済人が合理的根拠をもって行った行為でないことは明らかであり、相続税法64条1項の規定が適用される。

コメント

　相続税法64条1項の規定は、同族会社を一方の当事者とする取引当事者が、経済的動機に基づき自然・合理的に行動したならば普通採ったはずの行為形態を採らず、ことさら不自然・不合理な行為形態を採ることにより、その同族会社の株主その他所定の者の相続税又は贈与税の負担を不当に減少させると認められる場合には、税務署長は、この同族会社の行為計算を否認し、取引当事者が経済的動機に基づき自然・合理的に行動したとすれば、通常採ったであろうと認められる行為計算に従って相続税又は贈与税を課することができるというものである。また、同条がこのように規定する趣旨は、私法上許された法形式を濫用することにより、租税負担を不当に回避又は軽減することが企図されている場合には、実質的にみて租

税負担の公平の原則に反することになるから、このような行為又は計算をいわゆる租税回避行為として、税法上は、これを否認して本来の実態に適合すべき法形式の行為に引きなおして、その結果に基づいて課税しようというものである。したがって、当該規定の適用に当たっては、その行為計算が単に結果において相続税又は贈与税の軽減を来たすということのみによってこれを決すべきものではなく、当該行為計算が経済的、実質的にみて、経済人の行為として、不自然・不合理なものと認められるか否かにより判断すべきである。

　本件については、甲社の業績悪化を改善するためとＸ自身の相続税対策（当該土地の相続税評価額８億円－銀行借入金17億円）のために、実行されたのである。本件の当該土地の売買価額については、利害関係を共通しない経済人の間では近隣の売買実例や公示価格等を参考に時価に相当する金額が売買価額として形成されるのが通例であると考えられるところ、本件契約の当事者間では、本件借入金残高17億円が、本件契約締結時の本件土地建物の相続税評価額（時価）とは大幅に乖離していることを認識しながら本件借入金残高をもって売買価額としたものである。

　したがって、当該売買価額の決定は、経済人の行為としてことさら不自然・不合理なもので、利害関係を共通しない経済人当事者の間では通常行われえなかったものといわざるをえず、売買代金債務17億円のうち本件土地建物の相続税評価額（時価）８億円を超える部分の金額については、債務控除が過大となり、被相続人に係る相続税を不当に減少させるものと認めるのが相当であるから、相続税法64条１項を適用して本件相続に係る課税価格を計算することになる。

I 相続税

参考条文等

① 相続税法64条1項

10 即身成仏と相続税の期間制限

事例

　甲は、同居していた父親乙が、10年前に死亡したにもかかわらず、乙が即身成仏を願っていたため、甲は、誰にも乙が死亡したことを知らせずに、そのまま自宅の一室に放置していた。乙には、甲以外に、丙及び丁の2人の子供がいた（乙の配偶者は乙の亡くなる前に死亡している）が、海外に住んでいたため、乙の死亡を知らなかった。

　ところが今年、スペインに住んでいた丙が、日本に一時帰国し、乙の死亡を初めて知った。と同時に、丙は、海外にいる丁に対して、乙の死亡を連絡した。乙は、自己の財産として、自宅のみ所有していたが、その相続税の評価額は3億円であった。その後、丙と丁は相談をし、乙の所有する土地をそこに居住している甲に相続さ

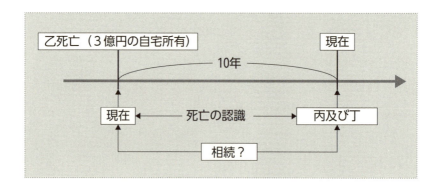

せることを決め、その旨記載の遺産分割協議書を作成した。この場合、甲の相続税はどのようになるのか。

また、仮に、当該土地を兄弟3人で相続した場合、相続税はどうなるのか。

回答

乙の自宅を相続した甲に対しては、除斥期間（国通法70）の関係上、相続税は課されない。また、丙及び丁が、乙の財産の一部を相続した場合には、それに係る相続税の申告・納付をそれぞれしなければならない。

コメント

国税の法律関係において、国の行使しうる権利をいつまでも無制限に認めていては、納税者の法的安定が得られないばかりではなく、国税の画一的な執行も困難となるので、これに対処するために、賦課権（国通法70）、徴収権（国通法72①）及び還付請求権（国通法74①）などについて、「期間制限」が設けられている。このうち「賦課権」は、税務署長が国税債権を確定させる処分、すなわち、更正・決定及び賦課決定を行うことができる権利をいう。賦課行為は、税務署長が納税義務を確定させるもので、いわゆる準法律行為たる性格を有し、一種の「形成権」（単独の意思表示のみによって法律効果を生じさせることのできる権利）と考えられている。賦課権が形成権であるとする以上、およそ時効制度になじまないとされている。したがって、賦課権の期間制限には、「除斥期間」の制度が採用されている。なお、徴収権及び還付請求権の期間

制限には、私債権と同様に「消滅時効」が採られている。

「除斥期間」と「消滅時効」の相違は、次のとおりである。

① 除斥期間は、「中断」が認められない。

② 時効は当事者が「援用」しなければならない。除斥期間は、裁判所の職権によって権利消滅を判断できる。

③ 除斥期間は、権利発生時から期間が進行するが、消滅時効は権利行使が可能になった時点から進行する。

④ 除斥期間には、原則として「停止」がない。

⑤ 除斥期間には、遡及効果が認められない。

相続税の法定申告期限は、相続の開始があったことを知った日の翌日から10か月を経過する日であるから、その時から「除斥期間」を経過してしまうと、賦課権（決定）を行使することが出来なくなる。したがって、甲は、乙の死亡の翌日から10か月以内に申告し（相法27）、納付しなければならなかった（相法33）のであるが、無申告のままでいた。すなわち、甲は、乙の死亡を10年前から知っていたことから、法定申告期限は、死亡後10か月となり、除斥期間（最長7年）の関係上、課税庁は、賦課権（決定）を行使できないことになるのである。

しかし、丙及び丁は、今年、乙の死亡を知ったことになるのであるから、被相続人乙の相続財産を取得した場合には、当該取得した相続財産について、相続開始のあったことを知った日の翌日から10か月以内に相続税の申告・納付を行わなければならない。また、仮に、丙及び丁は、乙の相続開始後、相続財産の分割が決まらなかったときには、未分割で申告することになる。この場合、丙及び丁が、申告・納付をしなければ、課税庁が、丙及び丁に対して、相続

税の決定処分を行うことになるが、甲に対しては、除斥期間の関係上、課税することはできない。

参考条文等

① 国税通則法70条
② 国税通則法72条
③ 国税通則法74条
④ 相続税法27条
⑤ 相続税法33条

11 時効取得と相続税の更正の請求

事例

　被相続人甲の所有する土地に、以前から、甲の友人である乙が一部占有（A地）をしていた。被相続人甲の相続税については、相続人丙及び丁は、A地を相続財産に含めて、申告をした。その後、乙の時効が完成し、乙は時効の援用を行った。

　この場合、相続人丙及び丁は、国税通則法23条2項1号に基づいて、相続税の更正の請求ができるか。また、A地を取得した乙の課税関係はどのようになるのか。事実関係の時系列は、次のとおりである。

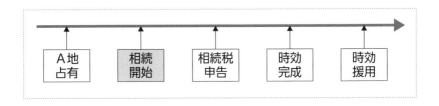

回答

　丙及び丁の相続税の更正の請求（国通法23②一）は、認められない。また、時効でA地を取得した乙は、時効の援用時の「時価」で、一時所得（所法34）として課税される。

Ⅰ 相続税

■コメント■

　国税通則法23条２項において、更正の請求期間の延長を認めているのは、納税申告時に予想しえなかった事由が後発的に発生し、これによって税額が減額されるようになったときに、それを認めないと、納税者に過酷な負担を強いることから、例外的に認められたものである。また、同法23条２項１号にいう「判決」とは、申告に係る課税標準又は税額の計算の基礎となった事実を訴えの対象とする民事事件の判決をいうものと解され、その申告の課税標準等の計算の基礎となった事実に関する訴えに係る判決によって、事実（すでに存在している事実）が当該計算の基礎としたところと異なることが確定したときに更正の請求が認められる。

　判例・通説は、時効により不動産等を取得・喪失した場合には、私法上の時効の遡及効力にかかわらず、租税法上、時効の援用時に所得が発生（停止条件説：時効完成の完成のみで当然に効果が生じるのではなく、当事者の援用を停止条件とする。）し、又は損失が生じるものと解される。したがって、占有者乙にＡ地を時効取得されることにより権利者が所有権を喪失する本件のケースにおいても、同様に解するのが相当と考える。なお、時効の効果については、停止条件説に対して、時効は完成によってただちにその効果を確定的に生じているとみる確定効果説がある。しかし、この説を採ると、完成時に課税されることになり、援用時と完成時の期間が乖離すれば、課税の回避が可能になる。

　本件については、相続開始時には、時効が完成・援用されていない状態であることから、停止条件説を採ると、相続開始時、Ａ地は相続財産であったといえるし、また、時効の完成も援用も、本件相

43

続開始後であるにもかかわらず、相続人丙及び丁は、「時効中断」の措置を採らなかったのであるから、それによって事実（A地の喪失）が異なったということで、その意味では、「帰責事由」があったともいえ、国税通則法23条2項の趣旨に鑑みると、更正の請求は認められないことになる。

これに対して、相続開始前の時効完成では、相続財産は援用権の付着した財産となり、課税価格の計算上援用権の付着という内在的瑕疵が時価の上で考慮されるべきものとなり、相続開始後援用があった場合には、援用権の付着という内在的瑕疵が顕在化したものとして、それらが裁判上でなされれば、更正の請求が認められるということになる。

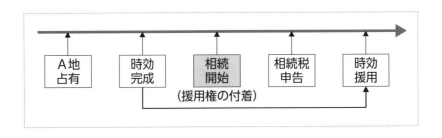

また、本件が、乙が甲からA地を贈与されていたとする争いの判決であるならば、「その基礎となった事実と異なる、すでに存在していた事実を確認・確定させる」ものであるから、更正の請求は認められる。

一方、乙に対しては、時効を援用した時に、乙の（取得の）意思表示が対外的に明確にされ、その援用時（効果発生時）の「時価」による所得の発生をみることになるから、A地の援用時における時

価を収入金額として「一時所得」が課税されることになる。

参考条文等

① 民法144条《時効の効力》

② 民法145条《時効の援用》

③ 民法162条《所有権の取得時効》

④ 国税通則法23条2項1号

⑤ 所得税法34条

⑥ 静岡地裁平成8.7.18判決

> 土地の時効取得による一時所得の発生時期について、Xは、時効の遡及効（民法144）を根拠に、取得時効の起算日に発生した、予備的に、訴訟外における時効援用日、又は時効期間の満了日に発生した旨を主張する。しかし、実体法上時効の効果は、時効期間の経過とともに確定的に生ずるのではなく、時効が援用されたときにはじめて確定的に生ずる、すなわち援用時に当該資産の所有権を取得するものと解すべきである（最高裁昭和61.3.17判決参照）。

⑦ 大阪高裁平成14.7.25判決

> Xらは、相続開始後に土地の時効取得により遺産が減少することとなる判決が確定したことにより、遺産が減少したものとして更正の請求を認めるべき旨主張する。しかしながら、別件判決は、時効の完成及び援用という本件相続開始（甲死亡）後に発生した新たな事実、すなわち、本件相続開始（甲死亡）後の時間の経過という事実及び実体法上の意思表示でもある時効援用の事実

を判断の基礎としたものであり、本件相続開始時にすでに存在していた事実のみによって課税標準等を変更するものではない。すなわち、別件判決は、「すでに存在していた」事実を明らかにしたものではない。したがって、別件判決は、国税通則法23条2項1号にいう「判決」には該当しない。

⑧　平成14.10.2裁決

本件において、審査請求人は、相続により取得した本件土地に係る立退請求訴訟において、同土地の耕作者から賃借権の取得時効を援用されたがそれを争い、同土地を何らの負担のない自用地として評価し、申告していたところ、相続開始前における賃借権の取得時効の完成を認定し、賃借権の取得を認容した本件判決が確定したものであるから、同判決は、請求人が申告に当たり本件土地の評価の基礎とした事実と異なる事実、すなわち、相続開始時に取得時効が完成していたという事実が確定されたという意味において、国税通則法23条2項1号にいう「判決」に当たり、そして、当該事情は、本件土地の評価上、しんしゃくされるべきであるから、本件判決が同号の「判決」に当たるとしてなされた本件更正の請求には、理由がある。

I 相続税

12 家賃の長期未払い・家屋の未使用等と貸家の認定

事例

　甲（被相続人）の所有する家屋Aには、平成元年から乙及び乙の子である丙が居住していた。その隣接する甲所有の家屋Bには、Xが居住し、乙の家賃（4万円／月）は、乙がXに渡し、Xが自分の家賃（8万円／月）と一緒に甲に計12万円を手渡していた。

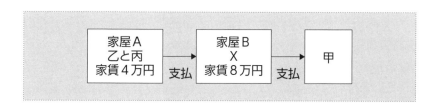

　その後、平成12年に乙が死亡し、丙がXに家賃を渡していたが、平成15年に丙は突然いなくなったために、Xが丙の家賃を立て替えていた。しばらくしてから、丙が家屋Aに戻ってきて、Xの立て替えていた家賃を支払ったが、平成19年に丙が緊急入院した後は、丙は社会福祉法人W会の施設に入所し、甲の相続開始（平成25年12月5日、以下「本件相続開始日」という）後も同施設に入所したままであった。同施設は、身体障害者が入所し、更生に必要な治療及び訓練を行う援護施設であり、身体機能が社会復帰可能な程度にまで回復した場合には、退所して、自宅に戻る者もいる。丙は、平成19

年から生活保護を受け、本件相続開始日においても、同施設にいた。家屋Ａの家賃は、平成20年以降未払いのままであったが、仏壇、家財道具などの丙の荷物はそのまま置かれていた。平成26年に丙は、上記荷物の処分に同意する旨が記載された「同意承諾書」を作成して、甲の相続人にＸを経由して渡している。なお、丙の住民登録は、平成26年まで家屋Ａの所在地であった。

　本件家屋Ａについて、本件相続開始日に、貸家として評価することができるか。また、丙に請求しうる未払い家賃相当額は、相続財産として計上すべきものか。

回答

　本件家屋Ａは、本件相続開始日（平成25年12月５日）現在において賃貸借の目的となっている貸家であるから、その評価額は、財産評価通達93《貸家の評価》の定めにより計算することになる。また、丙の未払い家賃については、財産評価通達205《貸付金債権等の元本価額の範囲》に定める「その他その回収が不可能又は著しく困難であると見込まれるとき」に該当し、その未収となっている家賃の金額は、相続財産として計上しなくてもよい。

コメント

　本件家屋Ａは、平成26年まで、丙の家具等があったことが認められ、かつ、その処分について甲の相続人から本件承諾書を得ていることからすると、本件相続開始日以後も丙の家屋に係る占有が継続していたものと見るのが相当である。そして、丙の家屋に係る占有は、同人の父乙の占有を承継したものと推認できるところ、乙及び

丙から被相続人に対し賃料の支払があったことからすると、乙及び丙の各占有はいずれも賃貸借契約に基づくものであったと認められる。丙は平成19年以降入院又は施設に入所しているが、そうであったとしても、入所しているのは更生援護施設であって、しかも、その入所はそもそも病気を起因とするものであるから転居ではないというべきである。さらに、平成26年においても、家屋の所在地に住民登録をしていたことからすると、家屋における居住又は占有を放棄して、病院又は施設に居住することとなったとまではいえない。

　また、本件家屋Ａに係る賃料が平成20年以降支払われていないが、被相続人甲が丙に対し借地借家法26条1項及び27条1項に規定する解約の申入れをした事実はなく、借地借家法には、賃料が未払である事実があれば解約されたものとみなす規定もないことから、家賃が未払になった後も賃貸借契約は継続していたというべきである。

　さらに、丙の、

① 不在となった平成19年以降から平成26年までの間も家屋に荷物を置いて同所を占有していたこと

② 父である乙の死亡後、被相続人から家屋を賃借していたこと

③ 甲の相続人が、平成26年に、Ｘを経由して丙から本件承諾書の送付を受けるなど同人の占有の継続を前提とする行為をもしていること

などの行為を鑑みれば、本件家屋Ａが本件相続開始日において賃貸の用に供されていないということはできない。したがって、本件家屋は本件相続開始日現在において賃貸借の目的となっている貸家であるから、その評価額は、固定資産税評価額に借家権割合（30%）

を控除した金額によって評価することになる。

　丙の未払い家賃については、事実認定の問題であるが、本件のようなケースでは、財産評価通達205の「その他その回収が不可能又は著しく困難であると見込まれるとき」に該当すると考えるのが妥当であろう。

参考条文等

① 　借地借家法26条
② 　借地借家法27条
③ 　財産評価基本通達93《借家の評価》
④ 　財産評価基本通達205《貸付金債権等の元本価額の範囲》

I 相続税

13 金融機関から払戻しを受けた金員と配偶者の税額控除

事例

甲（相続人）は、甲の配偶者である乙（被相続人）の預金（相続財産の一部）について、相続開始後1年を経過した時、内地方裁判所の判決によって、H信託銀行から法定相続分として預金の3/4（民法900三）に相当する3億円（本件金員）の払戻しを受けた。

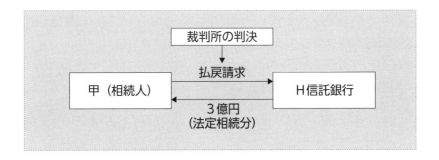

甲は、すでに、相続税の申告書（未分割）を提出していたが、この場合、当該3億円について、相続税法19条の2《配偶者に対する相続税額の軽減》第2項ただし書に規定する「分割された財産」に該当し、更正の請求を提出することができるか。

回答

　本件財産の一部（３億円）は、甲がＨ信託銀行に対して法定相続分に相当する金額についての払戻請求を行い、また、実際に当該請求に基づく払戻しを受けていることから、本件金員の払戻しを受けた時点において、「分割されていない財産」に含まれなくなったものというべきであるから、更正の請求はできる。

コメント

　相続税法19条の２第１項は、被相続人の配偶者が当該被相続人から相続又は遺贈により財産を取得した場合に納付すべき税額を軽減する旨規定し、同条２項本文において、相続税の申告期限までに当該相続又は遺贈により取得した財産の全部又は一部が共同相続人又は包括受遺者によってまだ分割されていない場合においては、分割されていない財産を、軽減の対象に含めない旨規定している。

　また、相続税法19条の２第２項ただし書は、上記分割されていない財産が相続税の申告期限から３年以内に分割された場合には、その分割された財産を軽減の対象に含める旨規定し、同法32条は、同条項の６号において、上記ただし書の規定に該当したことにより、税額が軽減されることとなったことを事由とし、その事由が生じたことを知った日の翌日から４か月以内に限り、国税通則法23条《更正の請求》１項の規定による更正の請求をすることができる旨規定している。

　ところで、最高裁昭30.5.31判決は、相続人が数人ある場合において、相続財産中に可分債権があるときは、その債権は法律上当然に分割され、各共同相続人がその相続分に応じて権利を承継する旨

を判示している。

預金債権についてみた場合、相続人間で分割の合意をみずとも、配偶者が金融機関に対してその相続分相当額につき払戻請求を行い、相続税法19条の2第2項本文に規定する相続税の申告期限までに実際に払戻しを受けたときには、配偶者は当該金員を実効支配するに至っていることから、払戻しを受けたその相続分相当額については、同項本文に規定する「分割されていない財産」からは除外されると解するのが相当である。同様に、同項ただし書に規定する「分割された場合」には、申告期限後に預金債権について、配偶者が払戻しを受けた場合が含まれ、かつ、同項ただし書に規定する「分割された財産」には、配偶者が払戻しを受けたその相続分相当額が含まれるものと解することができる。

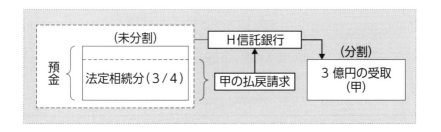

すなわち、本件財産の一部（3億円）は、甲がH信託銀行に対して法定相続分（3/4）に相当する金額についての払戻請求を行い、また、実際に当該請求に基づく払戻しを受けていることから、本件金員の払戻しを受けた時点において、「分割されていない財産」に含まれなくなったものと考えられる。したがって、本件金員の払戻しがあったことを知った日の翌日から4か月以内であれば、

更正の請求（国通法23）はできる。

参考条文等

① 民法256条《共有物の分割請求》

② 民法900条《法定相続分》

③ 民法906条《遺産の分割の基準》

④ 国税通則法23条

⑤ 相続税法19条の2

⑥ 相続税法32条

⑦ 最高裁昭和30.5.31判決

> 　相続財産中に金銭その他の可分債権があるときは、その債権は法律上当然分割され、各共同相続人がその相続分に応じて権利を承継するとした新法についての当裁判所の判例は、いずれもこの解釈を前提とするものというべきである。
>
> 　それ故に、遺産の共有及び分割に関しては、共有に関する民法256条以下の規定が第一次的に適用せられ、遺産の分割は現物分割を原則とし、分割によって著しくその価格を損する虞があるときは、その競売を命じて価格分割を行うことになるのであって、民法906条は、その場合にとるべき方針を明らかにしたものに外ならない。

Ⅰ 相続税

14 相続放棄と生命保険金

事例

　甲（被相続人）は、生前、多額の債務を抱えていたため、その相続人乙（配偶者）、丙（長男）及び丁（次男）の3人は、相続放棄を考えていた。しかしながら、甲の死亡生命保険金が、2億円入ってくる予定である。

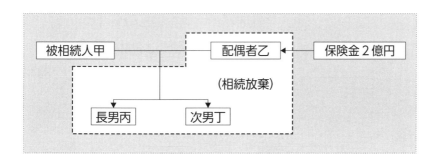

　なお、同死亡生命保険金の受取人は、配偶者である乙になっている。この場合、相続税の具体的な計算は、どのようになるのか。

回答

① 相続放棄しても、死亡生命保険金は民法上の相続財産ではないから、相続人乙は、これを遺贈として受け取ることができる。
② 死亡生命保険金の非課税の規定は、相続人であることが条件で

あるから、適用できない。

③ 遺産に係る基礎控除（3,000万円＋600万円×3人）は、相続放棄した相続人も適用できる。

④ 相続放棄をしても、配偶者は「配偶者の税額の軽減の規定」を適用することができる（相基通19の2-3）。

⑤ 相続放棄をしても2割加算はしない。

【具体的な計算】

2億円-（3,000万円＋600万円×3人）＝1億5,200万円

乙（配偶者）　　・・・1億5,200万円×1/2＝7,600万円

7,600万円×30%-700万円＝1,580万円

丙・丁（子2人）・・・1億5,200万円×1/2×1/2＝3,800万円

3,800万円×20%-200万円＝560万円

560万円×2人＝1,120万円

1,580万円＋1,120万円＝2,700万円（相続税の総額）

乙（配偶者）がすべて取得すると

2,700万円×1億6,000万円／2億円＝2,160万円（配偶者の税額軽減額）

納付すべき税額

2,700万円-2,160万円＝540万円

◁コメント▷

民法939条は「相続の放棄をした者は、その相続に関しては、初めから相続人とならなかったものとみなす」と規定している。「初めから相続人とならなかったもの」とみなされるため、相続放棄し

I 相続税

た相続人の直系卑属には代襲相続権（民887）は発生しない。ま
た、相続放棄の効果には絶対効があるため、その効果を第三者にも
対抗できる。

ところで、相続人が、相続放棄しても、「死亡生命保険金」は、
民法上の相続財産でないから、「遺贈」として、受け取ることがで
きる。したがって、相続放棄をした相続人は、税法上、「相続財産
とみなされる死亡生命保険」については、遺贈として取得したこと
になるから、相続税の申告をしなければならない。

この場合、遺産に係る基礎控除については、「相続の放棄があっ
た場合には、その放棄がなかったものとした場合における相続人の
数とする」（相法15②）となっていることから、相続人同様に基礎
控除を計算することになる。

死亡生命保険金の非課税の規定（相法12①五）については、「相
続人の取得した…」という規定であることから、相続人１人当たり
500万円の非課税規定は、相続放棄し、相続人でなくなった場合に
は、適用されない。

また、配偶者に対する相続税額の軽減の規定は、配偶者が相続を
放棄した場合であっても当該配偶者が遺贈により取得した財産があ
るときは、適用があり（相基通19の２−３）、相続税額の加算（相法
18）については「１親等の血族及び配偶者以外」となっていること
から、適用されない。

参考条文等
....

① 民法887条《子及びその代襲者等の相続権》

57

② 民法939条《相続の放棄の方式》

③ 相続税法12条

④ 相続税法15条

⑤ 相続税法16条

⑥ 相続税法18条

⑦ 相続税法基本通達19の2-3

【相続税の速算表】

法定相続分に応ずる取得金額	税率	控除額
1,000万円以下	10%	-
3,000万円以下	15%	50万円
5,000万円以下	20%	200万円
1億円以下	30%	700万円
2億円以下	40%	1,700万円
3億円以下	45%	2,700万円
6億円以下	50%	4,200万円
6億円超	55%	7,200万円

I 相続税

15 庭内神し（敷地）と非課税

事例

　甲（会社社長）は、自宅（甲所有）の庭の片隅に、弁財天を祀った約30坪の祠を10年前に建てた。祠は、庭の敷地の1/4（全敷地の1/8）を占め、甲は毎朝礼拝をして出社し、また、甲の配偶者や子供も時々礼拝をしていた。祠の中には、琵琶を持つ女神（弁天）の像が置かれている。祠や弁天像に要した費用は、合計で1億円であった。また、祠は、下図に示す位置に建てられている。

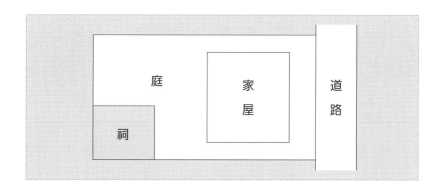

　なお、上記「祠」の敷地部分の評価額は、1億円である。
　甲が死亡した場合、被相続人甲の相続税の申告に際して、祠や像とともに、祠の敷地部分について、非課税とすることができるか。
　なお、祠の中に、骨とう屋から購入した仏像が置かれている。こ

の仏像は、甲の長女が5年前に交通事故で亡くなったときに1,000万円で取得したもので、甲や家族の日常礼拝の対象になっているが、非課税財産とすることができるか。

回答

祠や弁天の像は、非課税財産になるとともに、祠の敷地についても、非課税財産とすることができる。また、骨とう屋から購入した仏像についても、日常の礼拝の対象物であるので、非課税財産となる。

コメント

相続税法12条1項2号で、「墓所、霊びょう及び祭具並びにこれらに準ずるもの」は非課税財産としている。そして、「これらに準ずるもの」として、「庭内神し、神たな、神体、神具、仏だん、位はい、仏像、仏具、古墳等で日常礼拝の用に供しているものをいうのであるが、商品、骨とう品又は投資の対象として所有するものはこれに含まれない」（相基通12-2）と規定している。

祠や弁天像については、非課税財産とすることに異論はないものの、祠の敷地も非課税になるか否かについては、議論がある。敷地そのものについては、庭内神しでないことを理由として、非課税財産を否認するという主張もあるが、本来の非課税規定の趣旨等からみれば、庭内神しの敷地のように庭内神し等の設備そのものとは別個のものであっても、そのことのみを理由としてこれを一律に「これらに準ずるもの」から排除するのは相当ではない。その設備とその敷地、附属設備との位置関係やその設備の敷地への定着性その他

I 相続税

それらの現況等といった外形や、その設備等の建立の経緯・目的、現在の礼拝の態様等も踏まえた上での設備等の機能の面から、その設備と社会通念上一体の物として日常礼拝の対象とされているといってよい程度に密接不可分の関係にある相当範囲の敷地や附属設備も、当該設備（祠）と一体の物として「これらに準ずるもの」に含まれると解せられる。

　したがって、本事例の祠の敷地（1億円）についても、その設備である祠と社会通念上一体の物として日常礼拝の対象とされていることから、非課税財産とすることができる。

　また、骨とう屋から購入した仏像（1,000万円）は、甲の長女の死亡に伴って取得したもので、長女の冥福を祈る対象として礼拝している（すなわち、骨とう品の対象として保有していない）ことから、相続税法上の非課税財産となる。

参考条文等

①　相続税法12条1項2号

②　相続税法基本通達12-2

③　東京地裁平成24.6.21判決（庭内神しである稲荷の祠及び弁財天の祠の敷地が、非課税財産に該当するとされた事例）

【判例要旨】
　本件稲荷の祠及び弁財天の祠（本件各祠）は、庭内神しに該当するところ、本件各祠の敷地（本件敷地）は、①本件各祠がコンクリート打ちの土台により固着されてその敷地となっており、しかも本件各祠のみが存在しているわけではなく、その附属設備と

61

して石造りの鳥居や参道が設置され、砂利が敷き詰められるなど、外形上、小さな神社の境内地の様相を呈しており、②本件各祠やその附属設備（鳥居はX（原告）の父の代には既に存在していた）は、建立以来、本件敷地から移設されたこともなく、その建立の経緯をみても、本件敷地を非課税財産とする目的でこれらの設備の建立がされたというよりは、真に日常礼拝の目的で本件各祠やその附属設備が建立されたというべきであるし、祭事にはのぼりが本件敷地に立てられ、現に日常礼拝・祭祀の利用に直接供されるなど、その機能上、本件各祠、附属設備及び本件敷地といった空間全体を使用して日常礼拝が行われているということができ（例えば、仏壇や神たな等だけが置かれていて、当該敷地全体や当該家屋部分全体が祖先祭祀や日常礼拝の利用に直接供されていない単なる仏間のようなものとは異なるといえよう）、このような本件各祠及び本件敷地の外形及び機能に鑑みると、本件敷地は、本件各祠と社会通念上一体の物として日常礼拝の対象とされているといってよい程度に密接不可分の関係にある相当範囲の敷地ということができるから、本件敷地は、相続税法12条1項2号にいう「これらに準ずるもの」に該当するということができる。

④ 「庭内神し」の敷地等に係る相続税法12条1項2号の相続税の非課税規定の取扱いの変更について（国税庁／平成24年7月）

Ⅰ 相続税

16 一般社団法人の活用

事例

　甲株式会社（同族会社）のオーナーＡは、一般社団法人乙（非営利型法人以外の法人）に甲株式会社の株式を譲渡した。当該株式の譲渡に際しては、20％のキャピタルゲイン課税が発生する。また、その株式の購入資金については、オーナーＡに対して、一旦、未払いの状態となるが、甲株式の高額な支払配当金によって、返済し、完済した。一般社団法人乙の社員は、ＡとＢ（Ａの子供であり後継者）で、理事もＡとＢがなる。一般社団法人及び一般財団法人に関する法律14条２項では、「社員に剰余金又は残余財産の分配を受ける権利を与える旨の定款の定めは、その効力を有しない」と定めていることから、一般社団法人乙では、その旨の記載はしていない。

　このような状況において、Ａが死亡した場合、Ｂは一般社団法人乙を支配し、それによって、実質的に、甲株式会社もコントロールすることが可能であるが、相続に際しての課税関係は発生しないのか。

　（注）社員が１名になっても、一般社団法人の解散事由にはならない。

回答

　持分の定めのない一般社団法人乙は、甲株式会社の株式を保有し

ていたとしても、また、Bが乙の社員・理事であったとしても、同株式を直接に保有している状態ではないので、一般社団法人乙及び甲株式会社について、相続財産としてBに相続税を課することは、原則としてできない。

コメント

一般社団法人の概要は、次のとおりである。

① 法人設立 ･･･ 準則主義（登記により設立）

② 社員 ･･･ 2名以上

③ 目的 ･･･ 目的は問わない

④ 事業 ･･･ 制限規定はない

⑤ 剰余金分配 ･･･ 定款で禁止（一般法11②）

⑥ 残余財産分配 ･･･ 定款で禁止（一般法11②）

(注) ただし、定款で特定の帰属を規定しなければ、社員総会で社員に分配可能（一般法239①②）。

【参考】公益法人制度改革の国会（2006年4月18日通常国会）の議事録

○ 残余財産の分配についての質問（石井啓一衆議院議員（当時））

設立者に剰余金、残余財産を分配する旨の定款の定めを無効にするとなっているが、解散時には可能ということになっている。どういう理由か。

○ 答弁（中馬弘毅国務大臣（当時））

法人の解散後、清算手続きが進行し、全債権者への返済が終了した段階で残余財産の帰属は、法人の自律的な意思決定に委ねることが相当である。しかしながら、あらかじめ定款で社員

> や設立者に剰余金又は残余財産の分配を受ける権利を付与することは、営利法人との区別がつかなくなる、このためにこれを禁止した。

⑦ 情報公開 ··· 社員・債権者
⑧ 監督 ··· なし
⑨ 社員総会 ··· 法定・定款事項の決議機関（理事会を置かない場合はすべての決議機関）
⑩ 理事 ··· 3名以上（理事会設置型）・1名以上（理事会非設置型）
⑪ 理事会 ··· 設置は任意
⑫ 監事 ··· 設置は任意（大規模・理事会設置型1名以上必置）
⑬ 会計監査人 ··· 大規模法人は必置

また、公益認定を受けていない一般社団法人は、「非営利型法人」と「非営利型法人以外の法人」の二つに区分され、非営利型法人は「公益法人等」、非営利型法人以外の法人は「普通法人」として、法人税法上、取り扱われる。

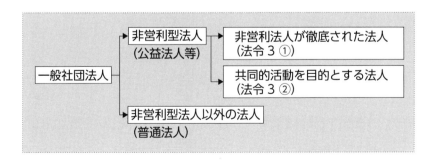

本件の事例では、一旦、一般社団法人に同族会社の株式を移転させてしまうと、その移転時には課税関係が発生するものの、その後は、社員・理事の交代によって、一般社団法人をコントロールすることができ、その同族会社の実質的な支配を可能とする。すなわち、一般社団法人が同族会社の株式を保有することによって、社員・理事の交代によって、課税されることなく、事業承継が可能になるということである。

　しかしながら、前述⑥の注に示されているように、清算に際しては、「社員総会で社員に分配可能」であることから、課税される可能性が全くないともいえない。本件事例では、Ａが死亡した時点で、Ｂのみが社員・理事として、一般社団法人乙を実質的に支配することになり、さらに、乙を清算することによって、甲株式会社の株式もＢが取得することができる状況にあるから、課税される可能性は全くないとはいえない。

参考条文等

① 一般社団法人及び一般財団法人に関する法律14条2項
② 一般社団法人及び一般財団法人に関する法律239条2項
③ 相続税法64条
④ 相続税法65条
⑤ 相続税法66条
⑥ 法人税法2条6号
⑦ 法人税法2条9号の2
⑧ 法人税法施行令3条1項・2項
⑨ 国税庁の文書回答事例（一般社団法人（非営利型法人）の基金について放棄を受けた場合の法人税法上の取扱いについて）

Ⅰ 相続税

17 医療法人に対する遺贈

事例

　甲（被相続人）は、相続人がいなかったので、遺言で、友人の乙及び丙に、それぞれ現金5,000万円を遺贈し、さらに、残りの不動産（相続税評価額2億円）及びその他の財産（相続税評価額2,000万円）について、甲が世話になった医療法人に遺贈することとした。丁一族が支配する医療法人は、「持分の定めのある法人」であった。

　この場合、医療法人の出資者についても、相続税の申告をすることになるのか。また、当該医療法人が「持分の定めのない法人」であれば、相続税の申告はどうなるのか。

回答

　遺贈者甲が法人に遺贈する場合、当該医療法人が「持分の定めのある法人」か「持分の定めのない法人」かによって、相続税の申告義務者は異なる。すなわち、次ページの図のように、持分の定めのある法人であれば、当該医療法人の出資者の出資持分が遺贈によって価値が増加した場合、出資者がそれぞれ相続税の申告をしなければならない。また、持分の定めのない法人であれば、当該医療法人を個人とみなして、相続税の申告をしなければならない。

67

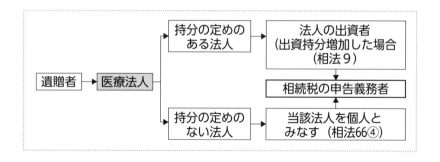

> **コメント**

　相続税法66条4項は、「…持分の定めのない法人に対し財産の贈与又は遺贈があつた場合において、当該贈与又は遺贈により当該贈与又は遺贈をした者の親族その他これらの者と第64条第1項に規定する特別の関係がある者の相続税又は贈与税の負担が不当に減少する結果となると認められるときについて準用する。」となっている。そして、この「不当に減少する結果」に該当しない要件として、次のものが挙げられている（相令33③）。

① 　その持分の定めのない法人の組織運営が適正であること
② 　その寄附行為、定款又は規則において、その役員等のうち親族関係を有する者及びこれらの者と特殊の関係にある者（以下「親族等」という。）の数がそれぞれの役員等の数に占める割合が、いずれも1/3以下とする旨の定めがあること
③ 　その法人に財産の遺贈をした者、その法人の設立者、社員若しくは役員等又はこれらの者の親族等に対し、施設の利用、余裕金の運用、解散した場合における財産の帰属、金銭の貸付け、資産の譲渡、給与の支給、役員等の選任その他財産の運用及び事業の運営に関して特別の利益を与えないこと

Ⅰ 相続税

④ その寄附行為、定款又は規則において、その法人が解散した場合にその残余財産が国若しくは地方公共団体又は公益社団法人その他公益を目的とする事業を行う法人（持分の定めのないものに限る。）に帰属する旨の定めがあること

⑤ その法人につき、法令に違反する事実、その帳簿書類に取引の全部又は一部を隠ぺいし、又は仮装して記録又は記載をしている事実、その他公益に反する事実がないこと

なお、相続税法66条の対象とされる法人について、判例は、「この規定は相続税の回避の防止を目的としていることから、持分の定めのある法人に財産の遺贈があった場合には、それによって生じた新たな持分又は持分の増加分は、持分を有する者が遺贈者からこれらを無償で取得したとして相続税が課されるので、持分の定めのある法人にはこの規定は適用されない。」と述べている（東京地裁昭46.7.15判決）。

■ 参考条文等

① 相続税法64条4項
② 相続税法66条
③ 相続税法施行令33条3項
④ 東京地裁昭和46.7.15判決

> 相続税法66条《人格のない社団又は財団等に対する課税》4項の「公益を目的とする事業を行う法人」、「相続税又は贈与税の負担が不当に減少する結果となると認められる場合」等の用語は明確性を欠き、適用について税務官吏の裁量を介入せしめることに

69

なるので憲法84条《課税》の租税法律主義に違反する旨主張するが、租税法律主義は、課税要件を法定することにより行政庁の恣意的な徴税を排除し、国民の財産的利益が侵害されないようにするためのものであり、租税法律主義の原則から課税要件はできるだけ詳細、かつ、明確に法律に定められることが要請されるのであるが、税法の対象とする社会経済上の事象は千差万別であり、その態様も日々に生成、発展、変化している事情のもとではそれらの一切を法律により一義的に規定しつくすことは困難であるから、税法においては既定の法概念にとらわれず社会経済の実態に即応する用語を使用することも避けられず、前記法条は、租税回避を防止するため公益法人等に対する財産の提供等が相続税又は贈与税の負担に著しく不公平な結果を生ずることとなる場合にこれに相続税又は贈与税を課する趣旨目的により設けられたもので、右趣旨目的を達成するためには既定の法概念にとらわれず、前記のような用語を使用することも、けだし止むをえないというべきである。

Ⅰ　相続税

18 認知症と無権代理

事例

　被相続人甲（認知症）の相続人乙は、甲の死亡する１か月前に、勝手に甲の銀行預金からお金を引き出し、甲名義のマンション（３億円）を購入した。当該マンションの相続税評価額（財産評価基本通達による）は１億円で、その評価額で相続税の申告をした。その後（相続開始後11か月後）、乙は、当該マンションを３億円で売却した。この場合、当該マンションは、甲の相続財産として認められるか。また、当該マンションの上記相続税評価額１億円は、認められるか。なお、甲の相続人は、乙１人である。

回答

　乙の当該マンション購入は、無権代理行為であるが、無権代理人乙は、本人である被相続人甲の資格において、無権代理行為の「追認拒絶権」を行使することは、信義則上認められないから、無権代理行為は、当然有効となり、被相続人の相続財産となる。また、そのマンションの時価（相法22）は、１億円ではなく、３億円となる。けだし、当該マンションの取得時と売却時において、客観的な売買価格３億円が明らかで、その中間時点において、１億円の評価額は、特段の事情がない限り、時価とみることはできない。

71

◀コメント▶

　無権代理とは、本人を代理する権限（代理権）がないにもかかわらず、ある者が本人の代理人として振る舞うことをいうが、民法113条1項では、「代理権を有しない者が他人の代理人としてした契約は、本人がその追認をしなければ、本人に対してその効力を生じない。」と規定している。

　しかしながら、「無権代理人が本人を相続した場合」には、「本人が自ら法律行為をしたのと同様な法律上の地位を生じる」（最高裁昭40.6.18判決）ことになるので、本件のケースにおいては、甲が自ら法律行為をしたのと同様な法律上の地位が生じ、当該マンションは、甲の相続財産となる。

　なお、「無権代理人が本人を相続した場合」には、次のような最高裁の判断がある。

①　無権代理人が本人を他の共同相続人と共に共同相続した場合、共同相続人全員が共同して追認しない限り、無権代理行為が有効となるものではない（最高裁平5.1.21判決）。

②　本人が無権代理行為の追認を拒絶した場合には、その後に無権代理人が本人を相続したとしても、無権代理行為は有効にはならない（最高裁平10.7.17判決）。

　次に、当該マンションの相続財産としての評価額について、財産評価基本通達をそのまま適用することができるか否かであるが、相続開始の直前で当該マンションを取得し、相続開始後当該マンションを譲渡しているときは、それぞれ客観的な時価3億円が明らかになるのであるから、特段の事情がなければ、当該価格が、相続税の時価ということになる。

したがって、当該マンションの相続税の評価額は、3億円となる（フローの評価）。

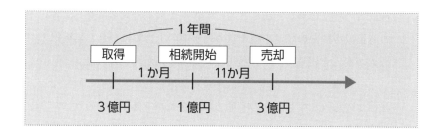

ただ、本ケースと異なり、相続開始後、売却していない場合にも、同様に処理することが出来るか否かについては、意見が分かれるかもしれない。相続開始直前に、その動機（目的）はともかく、自己資金でマンションを購入したのであって、そのマンションについて、財産評価基本通達を適用させないということになると、他の財産評価基本通達を適用して相続税の申告をしている納税者との間で、公平を著しく害することになるのではないか、という批判もできる。

したがって、相続開始後にマンションを売却しない場合には、その時価の算出については、結論が異なるという可能性もある。

参考条文等

① 民法1条2項《基本原則》
② 民法113条1項《無権代理》
③ 最高裁昭和40.6.18判決（一人相続人の場合）

> 上告人の亡父Aの所有であった本件不動産を、被上告人BがA

から買受け、被上告人Cが同Bから買受けたとして所有権取得の登記をしているが、Aは右不動産を売渡したことはなく、右所有権取得の登記は無効であるとし、上告人が被上告人らに対し、各所有権取得登記の抹消手続を求めた事案の上告審につき、無権代理人が本人を相続し、本人と代理人との資格が同一人に帰するにいたった場合においては、本人が自ら法律行為をしたのと同様な法律上の地位を生じたものと解するのが相当であり、この理は、無権代理人が本人の共同相続人の一人であって、他の相続人の相続放棄により単独で本人を相続した場合においても妥当すると解すべきである。

④　最高裁平成5.1.21判決（共同相続人の場合）

甲の子である原告（被控訴人、被上告人）が権限なくして甲の代理人と称して甲所有の土地を丙に売却ないし譲渡担保に供して所有権移転登記をした場合に、その後甲が死亡し原告外11名の子らが甲を相続したときは原告の共有持分につき無権代理行為は当然に有効にはならないとして、原告が被告（控訴人、上告人）に対し、本件土地建物所有権移転登記等抹消登記請求をしたところ、第一審が原告の請求を認容し、被告が控訴した原審は被告の控訴を棄却したので、被告が上告した事案の上告審において、原告が無権代理人としてした本件譲渡担保設定行為の本人である甲が死亡し、原告が他の共同相続人と共に甲の相続人となったとしても、右無権代理行為が当然に有効になるものではないとした原審の判断は、正当として是認することができる。

I 相続税

⑤ 最高裁平成10.7.17判決（本人が追認を拒絶した場合）

> 　無権代理人がした行為は、本人がその追認をしなければ本人に対してその効力を生ぜず（民法113条１項）、本人が追認を拒絶すれば無権代理行為の効力が本人に及ばないことが確定し、追認拒絶の後は本人であっても追認によって無権代理行為を有効にすることができず、右追認拒絶の後に無権代理人が本人を相続したとしても、右追認拒絶の効果には何ら影響を及ぼすものではないから、本人が無権代理行為の追認を拒絶した場合には、その後に無権代理人が本人を相続したとしても、無権代理行為が有効になるものではないと解するのが相当である。

19 遺言書と異なる遺産分割協議

事例

　被相続人Aは、相続財産である甲土地（相続税評価額９億円）について、相続人X、Y、Zの３人の子供にそれぞれ１/３ずつ、相続させる旨の遺言書（遺言執行者B）を作成したのであるが、Aの死後、相続人３人で独自にX１/２、Y１/４及びZ１/４とする分割協議を成立させた上、相続を原因とする持分移転登記を行った。この場合、Xに対して、贈与税の課税が発生するか。また、遺言執行者Bは、相続人らに対し相続させる趣旨の遺言に記載されたとおりに移転登記手続をするように求めることができるか。

相続人	遺言書	分割協議	差額
X	1/3	1/2	1/6
Y	1/3	1/4	△ 1/12
Z	1/3	1/4	△ 1/12

回答

　甲土地について、相続人３人（X、Y、Z）全員で、遺言書の内容と異なる分割をしたということは、Y及びZが、一部遺贈を放棄したことを意味し、新たに、相続人３人で、遺産分割（合意）が行われたものとみることができる。そして、この合意自体は、有効で

あると認められる。

したがって、Xに対して、贈与税の課税は発生しない。また、このような分割協議が有効である以上、遺言執行者Bは、遺言に基づいた移転登記の抹消手続をすることは認められない。

◁コメント▷

遺言により、財産を無償で贈与することを「遺贈」といい、遺贈には、「包括遺贈」と「特定遺贈」がある（民964）。包括遺贈とは、遺産の全部又は半分というように割合を示して行うもので、その割合に相当する遺産の権利義務を承継する。これに対して、特定遺贈とは、遺産のうち特定の資産を指定して行うものである。包括遺贈を放棄する場合、受遺者は、「包括受遺者は、相続人と同一の権利義務を有する」（民990）ことから、相続の放棄と同じ手続が必要であるが、特定遺贈については、受遺者は原則として、遺言者の死亡後いつでも遺贈の放棄をすることができる（民986①）。遺贈が放棄されると、放棄は遺言者の死亡の時に遡ってその効力が生じる（民986②）ことから、遺贈の目的物は共同相続人に帰属することになる（民995）。

本件の遺贈については、特定の資産（甲土地）を指定していることから、特定遺贈に該当し、相続人全員の協議で遺言書の内容と異なる遺産の分割をしたのであるから、特定受遺者であるY・Zが遺贈（各1/12相当）を事実上放棄し、共同相続人間で遺産分割が行われたものと考えることができる。

なお、包括遺贈があった場合には、その包括受遺者は、放棄の手続を採らない限りは、被相続人の財産及び債務を遺言で示された割

合により承継することになる。

　また、遺言執行者は相続財産の管理、その他遺言の実行に必要な一切の行為の権限を持ち、相続人といえども遺言執行者の職務を妨害することはできないこととされ、相続財産の処分などができなくなる（民1013）。ただ、本件については、遺産分割協議が有効である以上、相続人の代理人である遺言執行者B（民1015）は、分割協議に基づいて、移転登記を行うべきで、相続人らに対して、相続させる趣旨の遺言に記載されたとおりに移転登記手続をするように求めることはできない。遺言執行者と遺言と異なる遺産分割協議について、判決では、以下のように、民法1013条に抵触するものではない、と述べている。

　「本件遺産分割協議は、分割方法の指定のない財産についての遺産分割の協議と共に、本件土地持分については、Fが本件遺言によって取得した取得分を相続人間で贈与ないし交換的に譲渡する旨の合意をしたものと解するのが相当であり、その合意は、遺言執行者の権利義務を定め、相続人による遺言執行を妨げる行為を禁じた民法の規定に何ら抵触するものではなく、私的自治の原則に照らし有効な合意と認めることができる」（東京地裁平13.6.28）

参考条文等

　① 民法964条《包括遺贈及び特定遺贈》
　② 民法986条《遺贈の放棄》
　③ 民法990条《包括受遺者の権利義務》
　④ 民法995条《遺贈の無効又は失効の場合の財産の帰属》
　⑤ 民法1013条《遺言の執行の妨害行為の禁止》

Ⅰ 相続税

⑥　民法1015条《遺言執行者の地位》

⑦　東京地裁平成13.6.28判決

　　相続人の一人に対し遺産の一部を相続させる旨の遺言がある場
合において、遺言執行者の同意を得ることなく、相続人らが遺言
による指定と異なる遺産分割協議を成立させ各持分の登記を経由
したところ、遺言執行者が相続登記の無効を主張した事案につ
き、遺産分割方法の指定がされ、遺言執行者が指定されている場
合には、相続人はその遺言の執行を妨げる行為をすることができ
ず、これに反する遺産分割行為は無効であるが、本件の遺産分割
協議は、相続する旨の遺言により直接に取得した取得分を相続人
間で贈与ないし交換的に譲渡する有効な私法上の合意であるとし
て、遺言執行者からの請求が棄却された。

⑧　国税庁の質疑応答事例（遺言書の内容と異なる遺産の分割と贈与税）

【照会要旨】

　　被相続人甲は、全遺産を丙（三男）に与える旨（包括遺贈）の
公正証書による遺言書を残していましたが、相続人全員で遺言書
の内容と異なる遺産の分割協議を行い、その遺産は、乙（甲の
妻）が１／２、丙が１／２それぞれ取得しました。

　　この場合、贈与税の課税関係は生じないものと解してよろしい
ですか。

【回答要旨】

　　相続人全員の協議で遺言書の内容と異なる遺産の分割をしたと
いうことは（仮に放棄の手続きがされていなくても）、包括受遺
者である丙が包括遺贈を事実上放棄し（この場合、丙は相続人と

79

しての権利・義務は有しています。)、共同相続人間で遺産分割が
行われたとみて差し支えありません。

　したがって、照会の場合には、原則として贈与税の課税は生じ
ないことになります。

I 相続税

20 遺留分減殺請求と相続税申告

事例

被相続人Xには、配偶者Yと長男Zの2人の相続人がいた。XとZとの関係が悪かったため、Xは、Xのすべての財産をYに遺贈する旨の遺言を残した。Xの死後、Zは、遺留分減殺請求をしたが、YとZの間で、その価額弁償の対象財産の範囲について、交渉が難航し、相続税の法定申告期限から6年が経過して、ようやく、YはZに対して、現金5,000万円を支払うことで決着がついた。

この場合、Zは、相続税の申告をしなければならないのか。

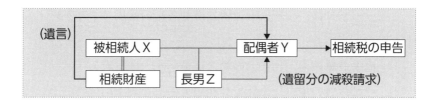

なお、Yは、相続税の申告については、一旦、全財産をYが取得したとして、相続税の期限内申告をしているが、Yは、「小規模宅地等についての相続税の課税価格の計算の特例（措法69の4）」と「配偶者に対する相続税額の軽減（相法19の2）」の適用を受けることによって、納付すべき相続税は発生しなかった。

回答

　税務署長は、配偶者Ｙが更正の請求をしない限りは、長男Ｚに対して、決定処分はすることができない。本事例においては、配偶者Ｙは、相続税額が発生しないのであるから、遺留分減殺請求によって相続財産が減少したとしても、更正の請求はできない。

　したがって、長男Ｚは相続税の申告をしなくても良い。

コメント

　遺留分とは、被相続人の兄弟姉妹以外の相続人に対して留保された相続財産の割合をいい、被相続人の兄弟姉妹以外の相続人には相続開始とともに相続財産の一定割合を取得しうるという権利（遺留分権）が認められている（民1028）。また、代襲相続人にも遺留分権は認められている（民1044、887②、887③、901）。遺留分権を有するこれらの者を遺留分権利者という。

　遺留分の割合は、相続人（遺留分権利者）の構成により、以下のようになっている。

　①　直系尊属のみが相続人の場合は被相続人の財産の1／3

　②　それ以外の場合は全体で被相続人の財産の1／2

　遺留分権利者及びその承継人は、遺留分を保全するのに必要な限度で、遺贈及び民法1030条に規定する贈与の減殺を請求することができる（民1031）。これを「遺留分減殺請求権」という。遺留分減殺請求権の行使は、受贈者または受遺者に対する意思表示でなす形成権である（最高裁昭41.7.14判決）。形成権とは、単独の意思表示のみによって法律効果を生じさせることができる権利である。

　遺留分減殺請求権は、遺留分権利者が、相続の開始及び減殺すべ

き贈与または遺贈があったことを知った時から、１年間行使しないときは、時効によって消滅する（民1042前段）。相続開始の時より10年を経過したときも同様である（民1042後段）。

遺留分を請求しても、本件のように、交渉が長期化することが多い。相続の開始後、価額弁償の額が確定するまで、Ｚは、相続税の申告をすることはできない。本件では、相続税の法定申告期限後、６年を超えて、当該交渉の決着がつき、ＹがＺに対して、5,000万円を支払ったのだが、Ｙが更正の請求を税務署長に対してしない限り、税務署長は、Ｚに対して、単独で決定処分をすることができない。したがって、Ｚは、相続税の申告をする必要がない。

本件事例では、Ｙが特例等を適用して、相続税額が発生していないのであるから、Ｚに対して、5,000万円を支払い、取得した財産が減少したとしても、もともと、相続税がゼロであるから、Ｙは、更正の請求をすることはできない。仮に、Ｙに相続税額が発生している場合は、Ｙは、Ｚに対して5,000万円の現金を渡しているのであるから、更正の請求をすることは可能である。その場合には、税務署長は、更正の請求があった日から１年を経過する日までは、新たに相続税の納税義務者になった相続人（Ｚ）の相続税について、決定処分をすることができる（相法35③二）。

このような考え方は、遺産課税的な発想なのかもしれない。すなわち、国と納税者の間で、一旦、遺産に対する租税債権債務関係が成立すると、事後的に、遺産の取得者である相続人間で、相続財産の移動があったとしても、国は、自ら積極的にアクションを起こさないということである。したがって、Ｙから更正の請求がなければ、税務署自ら、決定処分を行わないのである。

83

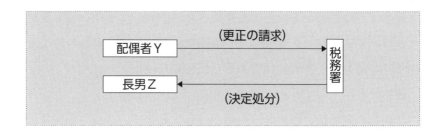

　なお、国税通則法66条1項により、遺留分の減殺請求により新たに相続税の納税義務者となった場合における期限後申告については、正当な事由があるものとして無申告加算税は賦課されない。また、延滞税も、相続税法51条2項1号ハで、相続税の申告期限から期限後申告書を提出した日までの間の期間は、延滞税の計算の基礎となる期間に算入されないと規定され、期限後申告書の提出と同時に、期限後申告により納付すべき相続税額を納付すれば、延滞税は課税されないことになる。

参考条文等

① 民法887条《子及びその代襲者等の相続権》
② 民法901条《代襲相続人の相続分》
③ 民法1028条《遺留分の帰属及びその割合》
④ 民法1030条
⑤ 民法1031条《遺贈又は贈与の減殺請求》
⑥ 民法1042条《減殺請求権の期間の制限》
⑦ 民法1044条《代襲相続及び相続分の規定の準用》
⑧ 国税通則法66条1項
⑨ 国税通則法70条1項

⑩　相続税法19条の2

⑪　相続税法32条1項3号

⑫　相続税法35条3項2号

⑬　相続税法51条2項1号

⑭　租税特別措置法69条の4

⑮　最高裁昭41.7.14判決

　遺留分権利者が民法1031条に基づいて行う減殺請求権は形成権であって、減殺請求権の行使は相続人から当該受贈者に対する意思表示によってなせば足り、必ずしも裁判上の請求による必要はなく、また一旦、その意思表示がなされた以上、法律上当然に減殺の効力を生ずるものと解すべきべきであるとし、一年の時効期間中に右意思表示がなされた本件にあっては、もはや減殺請求権そのものについて消滅時効を考える余地はないとした原審の判断を首肯した。

21 小規模宅地等の特例と非同居親族

事例

被相続人甲は、甲の所有するA居宅で、甲の長男夫婦と同居していたが、5年前に長男乙が病死したために、乙の配偶者である丙と2人で住んでいた。長男乙の子丁（代襲相続人）は、現在、婚約している戊の所有するマンションに住んでいる。このような状況下で、A居宅を丁が相続した場合に、小規模宅地の特例を受けることができるか。

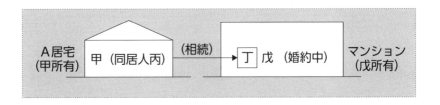

回答

被相続人の居住の用に供されていた宅地等で、同居親族がいない場合、当該宅地等を相続開始前3年以内に自宅（その配偶者の自宅も同様）を有しない親族が取得し、相続税の申告期限まで、保有継続すれば、小規模宅地等（特定居住用宅地等）の特例（80％評価減）を受けることができる。

すなわち、丁は、戊とまだ結婚していないので、戊の所有するマ

I 相続税

ンションに住んでいても、自宅を有しない親族になる。また、丙
は、甲に対して法定相続権を有しない親族であるから、「同居親
族」がいないことになる。

◀コメント▶

　小規模宅地等の「特定居住用宅地等」（減額割合80％、適用上限
面積330㎡）とは、被相続人等の居住の用に供されていた宅地等
で、当該被相続人の配偶者又は次の①から③に掲げる要件のいずれ
かを満たす当該被相続人の親族が相続又は遺贈によって取得したも
のをいう（措法69の4③二）。
①　被相続人と同居の親族が取得する場合
　　イ　相続開始直前に同居していること（同居親族の要件）
　　ロ　相続開始から相続税の申告期限まで当該宅地等を所有して
　　　　いること（所有継続の要件）
　　ハ　相続税の申告期限まで当該宅地等に居住していること（居
　　　　住継続の要件）
②　配偶者及び一定の同居親族が存せず非同居親族が取得した場合
　　イ　配偶者又は相続開始直前に同居親族がいないこと（配偶者
　　　　及び一定の同居親族不存在の要件）
　　ロ　相続開始前3年以内に自己又は配偶者の所有する家屋に住
　　　　んだことがないこと（自己等の所有する家屋に居住したこ
　　　　とがない要件）
　　ハ　相続税の申告期限まで当該宅地等に所有していること（所
　　　　有継続の要件）

87

③　被相続人と生計を一にする親族の居住の用に供されていた場合
　　イ　被相続人と生計を一にしていた者であること（生計を一にする親族の要件）
　　ロ　相続開始から相続税の申告期限まで当該宅地等を所有していること（所有継続の要件）
　　ハ　相続税の申告期限まで当該宅地等に居住していること（居住継続の要件）

　本事例は、上記②に該当するか否かのものである。

　イについては、被相続人甲は、甲の長男の配偶者丙と同居しているが、丙は、法定相続権を有しない被相続人の親族であるから、丙が甲と同居していても、「配偶者及び一定の同居親族不存在」となる。

　ロについては、丁が相続開始前３年以内に日本（相続税法の施行地内）にある丁又はその配偶者の所有する家屋に居住したことがないことが求められているが、戊は、丁と婚約中であるが、未だ結婚しておらず、法律上の配偶者に該当しないことから、「自己等の所有する家屋に居住したことがない」という要件を満たしていることになる（相続税法１条の３《相続税の納税義務者》３号に規定する者（相続又は遺贈によりこの法律の施行地にある財産を取得した個人で当該財産を取得した時においてこの法律の施行地に住所を有しない者）のうち、日本国籍を有しない者は除かれている。）。

　ハについては、相続開始時から相続税の申告期限まで、引き続きＡ居宅を丁が所有すること（所有継続の要件）が求められているということである。

Ⅰ　相続税

参考条文等

①　相続税法１の３

②　租税特別措置法69の４

宅地等		上限面積	減額割合
事業用	貸付事業用	400㎡	△80%
	貸付事業用以外	200㎡	△50%
居住用		330㎡	△80%

22 相次相続控除と配偶者控除

事例

家族構成は、甲（父）乙（母）そして丙（子供）の3人である。甲と乙は、それぞれ10億円の資産を保有している（次図参照）。このような前提で、甲が死亡（第一次相続）し、ついで、乙が2か月後に死亡（第二次相続）した場合、第一次相続で、どのような相続（按分）をしていれば、子供である丙にとって有利になるのか。

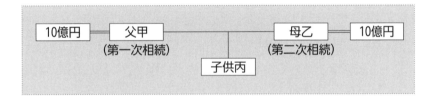

すなわち、被相続人甲（第一次相続）の相続財産に対し、以下のうちいずれが最も税負担が少なくなるのか。

① 法定相続分を乙と丙が取得する
② 法定相続分を乙のみが取得する
　②-1　配偶者控除を適用する
　②-2　配偶者控除を適用しない
③ 法定相続分を丙のみが取得する

Ⅰ 相続税

回答

②−2である甲の相続財産を乙のみが取得し、配偶者控除を適用しないことが、丙にとって最も有利な相続の仕方である。

すなわち、第一次相続で配偶者の乙に多くの相続税を支払わせ、その相続税を第二次相続で控除することで活用すると、結局、第一次相続と第二次相続のトータルの相続税額は少なくなり、子供の丙にとっては、より多くの相続財産が残ることになる。

コメント

相次相続控除とは、10年以内に2回以上相続が開始し、前後の相続のいずれにも相続税が課せられた場合には、後の相続に対する相続税額から、次の金額を控除することができることである（相法20）。この制度は、税負担の加重を回避するために設けられたものである。

【相次相続控除の計算式】

$$B × 〔C ／（A−B）〕×（D／C）×〔（10−E）／10〕$$

　A→前の相続により取得した財産の価額

　B→前の相続に対して課せられた相続税額

　C→後の相続によりすべての相続人、受遺者が相続によって取得した財産の価額の合計額

　D→後の相続により相次相続控除対象者が取得した財産の価額

　E→前の相続から後の相続までの期間（1年未満切捨）

（注）C／（A−B）が1を超える場合には1とする。

上記の具体的な事例について、計算を簡単にするため、相続税の

税率を一律50%とし、配偶者控除は、相続税額の1／2を控除して計算すると、次図のようになり、②－2の税負担（7.5億円）が最も少ない。

	法定相続分	配偶者控除		第一次相続	第二次相続	合計額
①	乙と丙が取得			2.5億円	7.5億円	10億円
②	乙のみが取得	1	あり	2.5億円	6.25億円	8.75億円
		2	なし	5億円	2.5億円	7.5億円 ※
③	丙のみが取得			5億円	5億円	10億円

```
※　第一次相続　10億円×50％＝5億円…イ
　　第二次相続　15億円×50％＝7.5億円
　　　　　　　　7.5億円－5億円（相次相続控除）＝2.5億円…ロ
　　　　　　　　イ　＋　ロ　＝　7.5億円
```

参考条文等

① 　相続税法20条

I 相続税

23 売買契約後の相続開始

事例

　被相続人甲は、生前に甲が居住の用に供していた家屋とその敷地（以下「本件居住用物件」という。）を8,000万円で乙に売却する契約を締結していた。しかし、その引渡し前に、甲は事故で死亡した。売却の手付金として、乙は1,000万円を契約時に受け取っている。

　相続人乙は、相続税の申告に際して、どのような申告をしたらよいか。また、本件居住用物件の譲渡所得の申告は、誰が納税義務者となるのか。

　なお、本件居住用物件の相続税評価額は、5,000万円であるが、小規模宅地等の特例（措法69の4①）を受けることができるか。さらに、本件居住用物件を譲渡したときには、相続税の取得費加算の特例（措法39）を受けることができるか。

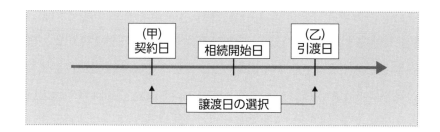

回答

　相続開始前に売却され、相続開始時点において引渡がなされていない（代金決済が未了）場合には、相続税の課税財産は、その譲渡した財産の売買代金請求権となる（最高裁昭61.12.5判決）。

　したがって、本件においては、7,000万円（8,000万円−1,000万円（手付金））が売買代金請求権となる。この場合、特定居住用宅地等には該当しないので、小規模宅地等の特例の適用はない。

　また、譲渡所得の申告については、①契約締結日とするか、②引渡日とするかは選択できる。したがって、①の契約日を選択した場合は、被相続人甲（準確定申告）が譲渡したことになるので、譲渡所得の3,000万円特別控除等の特例（措法35）の適用対象になるし、②の引渡日を選択すれば、相続人乙が取得費加算の特例適用期間内に相続財産を譲渡したことになるから、相続税の取得費加算の特例（措法39）の適用対象になる。

コメント

　本件事例の争点は、土地建物の売買契約後、その土地建物の引渡が未了で、その間に相続が開始した場合、その評価額が、土地建物そのものの相続税評価額（5,000万円）か売買代金請求権（7,000万円）である。これに対して、上記の最高裁は「たとえ本件土地の所有権が売主に残っているとしても、もはやその実質は売買代金債権を確保するための機能を有するにすぎず、独立して相続税の課税財産を構成しないというべきであって、課税財産となるのは売買残代金債権である」と判断している。

　したがって、売買残代金債権であるから小規模宅地等の特例の適

用はない。また、買主が死亡した場合には「買主は相続開始時点では所有権を有しておらず、相続税の課税財産に含まれるものは、土地の所有権移転請求権等の債権的権利であり、その財産の価額は、当該土地の売買契約における売買価額である」と判示している。

所得税基本通達36-12は、「山林所得又は譲渡所得の総収入金額の収入すべき時期は、山林所得又は譲渡所得の基因となる資産の引渡しがあった日によるものとする。ただし、納税者の選択により、当該資産の譲渡に関する契約の効力発生の日（略）により総収入金額に算入して申告があったときは、これを認める。」と規定している。したがって、甲又は乙のいずれも申告することは可能となる。ただ、譲渡者（納税義務者）が誰になるかによって、譲渡所得の特例を受けられる者が限定されることになる。

本件の譲渡所得に係る特例適用の図で示すと、次のようになる。

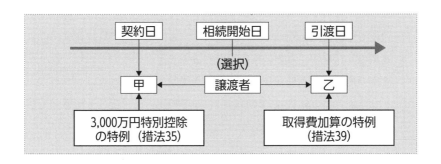

なお、平成26年度税制改正によって、平成27年１月１日以後に開始する相続又は遺贈により取得した資産の譲渡については、土地以外の相続財産と同様に、取得費に加算する金額が、その者が相続又は遺贈により取得したすべての土地等に対応する相続税相当額か

ら、その譲渡をした土地等に対応する相続税相当額とされた。

参考条文等

① 租税特別措置法35条
② 租税特別措置法39条
③ 租税特別措置法69条の4
④ 所得税基本通達36-12
⑤ 最高裁昭和61.12.5判決

相続税の課税財産に関し、被相続人Pは47年7月7日その所有土地につき売買契約を締結したが、この契約においては、土地の所有権移転の時期を売買代金の残金が支払われた時とする特約があり、右残代金が支払われたのは、Pの死亡（相続開始）後の47年12月15日であるため、同人が死亡当時にはいまだ買主側に移転しておらず、したがって土地はPの遺産として同人の相続人に承継されたものであるとの事実関係のもとにおいては、たとえ土地の所有権が売主に残っているとしても、もはやその実質は売買代金債権を確保するための機能を有するにすぎないものであり、右土地の所有権は、独立して相続税の課税財産を構成しないというべきであって、相続税の課税財産となるのは、売買残代金債権であると解するのが相当であり、したがって、右土地の価額をその売買残代金債権と同額であるとした原審の判断は、結論において正当として是認することができる。

24 未分割遺産に対する課税

事例

被相続人甲は、資産3億円と負債3億円を有していた。相続人である子供は、長男乙と次男丙の2人である。この場合、長男乙は3億円の資産を、次男丙は3億円の負債をそれぞれ相続した場合、相続税は発生するか（①のケース）。また、分割をせずに、未分割の申告をした場合はどうなるか（②のケース）。

回答

長男乙は3億円の資産を相続し、次男丙が3億円の負債をそれぞれ相続した場合、長男乙に相続税は発生する。なお、相続人丙のみ被相続人の債務を相続することは、相続税法上、可能である。未分割で、相続した場合には、このケースでは相続税は発生しない。

コメント

　我が国の相続税法は、原則として「遺産取得課税体系」を採用している（正式には、「法定相続分遺産取得課税体系」である）。したがって、相続税の課税標準と税額の計算の手順は、以下の通りである。

① 各納税者ごとの課税価格を計算する。

② 各々の課税価格を合計して、（法定相続割合に基づいて）相続税額の総額を計算する。

③ 各納税者間に実際に取得した相続財産の割合で相続税の総額を分配して、各納税者ごとの納付すべき税額を計算する。

　この場合、各相続人ごとの課税価格の計算は、遺産取得課税体系を採用しているゆえに、マイナスが生じている場合には、他の取得者の課税標準に影響を与えないために、「ゼロ」とする。相続税の申告書では、「課税価格の計算」欄の④「純資産価額（①＋②－③）（赤字のときは０）」となっている。

　したがって、相続人である長男乙及び次男丙のそれぞれの純資産価額は、「３億円」と「０円」となる。すると、課税価格の合計額は３億円となり、相続税は発生することになる。

　次に、民法では、共同相続人がいる場合の債務の分割については、遺産分割の対象にはならず、相続人の法定相続分に応じて当然に分割して承継されるという学説（当然分割承継説）が有力で、判例（最高裁昭和34.6.19判決）もこの考え方を支持している。ただ、この考え方では、無資力者が共同相続人にいれば、その分だけ回収ができないことになって、相続債権者の保護に欠けるということから、当然には分割されないとする説（不可分債務説・合有債務説）

もある。

- 不可分債務説 → 分割まで権利義務は一括して相続人に帰属しており、民法898条は、被相続人間の内部負担を考えている。また、債務の処分は、債権者の同意なしに行えないから、相続債務は共同相続人に不可分的に帰属している。
- 合有債務説 → 相続財産・債務は、包括的な1個の財産・債務で共同相続人に合有的に帰属しているから、債務について、債権者は共同相続人全員を相手として履行請求をすべきである。

以上のように、債権者と共同相続人との間の関係では、法定相続分による当然分割承継説が判例の立場とみられるが、一方で、上記のように、共同相続人間での債務分割（債務の引受）は自由と考えられているので、実務上の取扱いは、相続人がそれぞれ実際に負担した金額について債務控除を認めることとして取り扱われているものと考える。

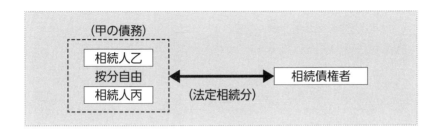

相続税の課税価格の計算上、債務控除として控除する債務は、被

相続人の債務で、相続開始の際、現に存するもの（公租公課を含む）のうち「その者の負担に属する部分の金額」とされている。したがって、各相続人又は包括受遺者が実際に負担する金額が控除できることになっているので問題ないと解せられる（相基通13-3）。

なお、未分割については、相続税法55条で「相続若しくは包括遺贈により取得した財産に係る相続税について申告書を提出する場合又は当該財産に係る相続税について更正若しくは決定をする場合において、当該相続又は包括遺贈により取得した財産の全部又は一部が共同相続人又は包括受遺者によってまだ分割されていないときは、その分割されていない財産については、各共同相続人又は包括受遺者が民法（904条の2《寄与分》を除く。）の規定による相続分又は包括遺贈の割合に従って当該財産を取得したものとしてその課税価格を計算するものとする（以下省略）。」と規定している。

このように未分割財産については、民法の規定によって当該財産（資産3億円・負債3億円）を取得したものとみなされることから、このケースの相続人には、相続税は課税されない。

参考条文等

① 民法898条《共同相続の効力》

② 民法904条の2《寄与分》

③ 相続税法基本通達13-3

④ 最高裁昭和34.6.19判決

> 本件連帯債務の債権者である被上告人が、連帯債務者の1人である亡Bの相続人である上告人らに対し、債務の履行を請求した

I 相続税

事案の上告審において、債務者が死亡し、相続人が数人ある場合に、被相続人の金銭債務その他の可分債務は、法律上当然分割され、各共同相続人がその相続分に応じてこれを承継するものと解すべきであるから、連帯債務者の1人が死亡した場合においても、その相続人らは、被相続人の債務の分割されたものを承継し、各自その承継した範囲において、本来の債務者とともに連帯債務者となると解するのが相当である。

25 生命保険料の負担と課税関係

事例

　被相続人甲は、レストランを個人経営し、その妻乙もレストランで甲の青色事業専従者として働いていた。乙は甲を被保険者とする生命保険契約を保険会社と締結した。乙は保険契約者であったが、その保険料は、甲が経営するレストランの収入の一部から支払っていた。その後、甲が死亡して、乙は生命保険金5,000万円を受け取った。

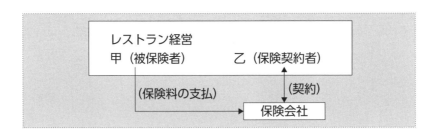

　この場合、乙は生命保険金5,000万円を「みなし相続財産」（相法3①一）として、相続税の申告をしなければならないのか。

回答

　保険料の実質的な負担者が誰であるかによって、当該生命保険金の課税関係は異なる。すなわち、乙が負担しているのであれば、乙

I 相続税

の「一時所得」になり、甲が負担しているのであれば、「みなし相続財産」になる。本件については、甲の経営しているレストランの収入から、保険料が支払われていることから、甲が実質的に保険料を支払っていたとみるのが相当で、そうすると当該生命保険金は「みなし相続財産」になる。

◀ コメント ▶

　被相続人の死亡により相続人等が取得する生命保険金については、一般的には、被相続人の遺産に含まれて相続の対象となるものではなく、当初から保険金請求権として受取人である相続人が契約の効果として取得するもの、すなわち、保険受取人の「固有の財産」と解されている。しかしながら、相続税法では、法律的に相続などで財産を取得していない場合であっても実質的に相続財産と同一のものについては、これを相続等によって取得したものとみなして課税することが、納税者間における課税の負担公平を実現できると考えられている。

　保険事故が発生して保険金の支払があった場合におけるその保険金の課税関係については、次のようになる。

保険料の負担者	受取保険金の課税（乙）
① 被相続人甲	みなし相続財産
② 相続人乙	一時所得
③ ①②以外の者	みなし贈与

　上記のうち、相続税法3条1項1号が適用されるのは、保険料負担者が甲である場合（①）で、「みなし相続財産」として相続税が課

103

税される。したがって、被相続人甲が負担した保険料に対応する部分の保険金が被相続人甲の死亡により相続により取得したものとみなされ、受取人乙は相続人であるから、相続人1人当たり500万円の非課税枠が適用されることになる。

一方、保険料負担者が乙である場合(②)には、受取保険金額は、乙の「一時所得」として課税される。また、①②以外の者が保険料を負担し、その保険金を乙が受け取った場合(③)には、「みなし贈与」として課税されることになる。

このように、保険料の負担者が誰であるかによって、課税関係が異なることから、これまでに保険料の負担者の判断をめぐって、課税庁と納税者の間で、多くの争いが発生している。公表裁決（昭和59.2.27）で、被相続人から毎年保険料の贈与を受けていた場合には、「みなし相続財産」ではなく、「一時所得」であるというものがある。

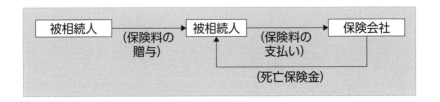

本裁決の要旨は、以下のとおりである。

「未成年者である請求人が受け取った保険金については、①その保険契約を被相続人が親権者として代行し、保険料の支払に当たっては、その都度被相続人が自己の預金を引き出して、これを請求人名義の預金口座に入金させ、その預金から保険料を払い込んだもの

Ⅰ 相続税

であること、②保険料は、被相続人の所得税の確定申告において生命保険料控除をしていないこと、③請求人は、贈与のあった年分において贈与税の申告書を提出し納税していることから、請求人は贈与により取得した預金をもって保険料の払込みをしたものと認められるので当該保険金を相続財産とした更正は取消しを免れない。」

参考条文等

① 相続税法3条1項1号

② 昭和59.2.27裁決

26 配偶者の税額軽減と仮装・隠ぺい

事例

被相続人甲の相続人は、配偶者乙と子供丙と子供丁の3人である。相続人3人は、相続財産4億円を法定相続割合で按分した遺産分割協議書を作成し、それに基づいて、相続税の申告・納付をした。その後、税務調査が入り、1億円の相続財産が発見された。この1億円の洩れは、相続人丙の仮装・隠ぺいによるものと判断された。上記発見された1億円を配偶者が取得した場合、配偶者の税額軽減額はどのように計算されるのか。

なお、課税価格5億円に対する相続税の総額は1.3億円（そのうち、仮装・隠ぺいに係る相続税は0.38億円）とする。

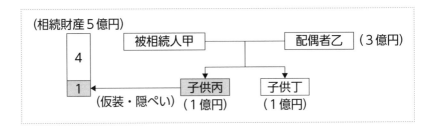

また、仮装・隠ぺいを配偶者が行った場合、配偶者の税額軽減額は、どのように計算されるのか。

Ⅰ 相続税

回答

　子供丙による仮装・隠ぺいの財産を、配偶者である乙が取得した場合の配偶者の税額軽減額は、次のように計算される。

1.3億円　×　（2億円÷5億円）　＝　0.52億円

　また、仮装・隠ぺいを配偶者乙が行った場合には、次のように計算される。

0.92億円　×　（2億円÷4億円）　＝　0.46億円

コメント

　相続税法19条の2第5項では、配偶者の税額軽減額の基礎となる相続税の総額の計算について、配偶者が仮装・隠ぺいした財産は含めないと規定している。つまり、配偶者が自ら仮装・隠ぺいを行ったが、当該財産を取得しなかった場合、配偶者の税額軽減の規定は通常通り適用されることになる。すなわち、仮装・隠ぺいされた財産を他の相続人が取得することによって、「相続税の総額」が増加することになる。これによって、配偶者の税額軽減額も増加することになり、本来であれば、仮装・隠ぺいにより把握された財産により相続人全員の相続税が増加するはずのところが、配偶者については、税額軽減の措置によって、納付すべき税額が増加しないというケースが生ずる恐れがあった。

　そこで、平成19年度の税制改正によって、配偶者が仮装・隠ぺいを行ったにもかかわらず、その財産を取得しなかった場合であって

107

も、その取得しなかった仮装・隠ぺい財産に係る相続税額を負担するように、次の改正がなされた。

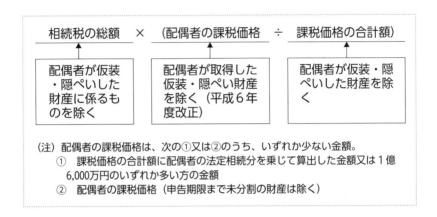

(注) 配偶者の課税価格は、次の①又は②のうち、いずれか少ない金額。
① 課税価格の合計額に配偶者の法定相続分を乗じて算出した金額又は1億6,000万円のいずれか多い方の金額
② 配偶者の課税価格（申告期限まで未分割の財産は除く）

なお、平成6年度の税制改正で、配偶者が取得する財産に仮装・隠ぺい行為があった場合、配偶者の税額軽減額の計算において、その仮装・隠ぺいの財産の金額相当分は、配偶者の課税価格に含まれないことになり、それによって、仮装・隠ぺい財産に相当する税額部分は、税額控除の対象とならないことになった。

参考条文等

① 相続税法19条の2
② 相続税法基本通達19の2-7
③ 相続税法基本通達19の2-7の2

II

贈与税

1 低額譲受と贈与税の配偶者控除

事例

　甲は、配偶者乙と離婚することになったが、離婚をする前に、「贈与税の配偶者控除」の特例を受けることについて、甲と乙の間で合意が成立した。なお、「贈与税の配偶者控除」を受けることについては、離婚と関係しない、結婚当初からの約束で、離婚に伴う正規の慰謝料等については、離婚協議によって別途支払うことになっている。

　そこで、離婚をする前に、現在夫婦で住んでいる甲所有の家屋及びその敷地（時価：5,000万円）を乙に3,000万円で譲渡することを決めた。すなわち、相続税法7条の「低額譲受（みなし贈与）」の適用を受ける金額は、2,000万円となるが、この低額譲受による利益相当額について相続税法21の6《贈与税の配偶者控除》を受けることができるのか。

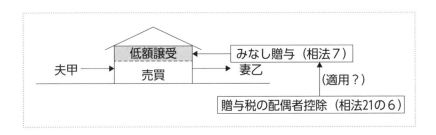

また、現時点では、婚姻期間が19年10か月しか経っていないので、贈与税の配偶者控除の適用要件である婚姻期間20年以上にするために、離婚の時期を延期し、当該要件を満たしてから、譲渡することとした。このような婚姻期間の延長は認められるのか。

回答

低額譲受による利益相当額が離婚に伴う慰謝料・財産分与等に該当しない（正規の慰謝料について別途支給するという前提である）限りは、「贈与税の配偶者控除」の適用は認められる。また、当該特例の適用要件の「婚姻期間20年以上」については、その要件を満たすために離婚の時期を延ばしたとしても問題はない。

コメント

贈与税の配偶者控除の制度は、その年において贈与によりその者との婚姻期間が20年以上である配偶者から次の①又は②の財産を取得した場合には、その年分の贈与税について基礎控除110万円のほかに2,000万円が控除されるというものである（相法21の6）。

① もっぱら居住の用に供する土地もしくは土地の上に存する権利又は家屋で日本国内にあるものを、贈与を受けた年の翌年の3月15日までに受贈者の居住の用に供し、かつ、その後引き続き居住の用に供する見込みのもの

② 居住用不動産を取得するための金銭で、贈与を受けた年の翌年3月15日までに居住用不動産の取得に充てられ、かつその取得した居住用不動産を同日までに受贈者の居住の用に供し、かつ、その後引き続き居住の用に供する見込みである場

合におけるその金銭の額

　条文の文言では、贈与の対象物を「土地」「土地の上に存する権利」「家屋」又は「金銭」と記しており、「低額譲受による利益相当額」は明記されていない。したがって、「低額譲受による利益相当額」は「相続税法21条の6」の適用を受けることができないと解することもできるが、実質的には、上記①又は②と同様なものが贈与されたと解することができることから、国税庁は「質疑応答事例（国税庁ホームページ参照）」で適用を認める旨の回答を行っている。この考え方を敷衍すると、例えば、夫が有価証券を妻に贈与し、妻は、それを売却し、その代金で居住用資産を取得したケースにおいても認められることになる。なぜなら、夫が株式を売却し、その代金（金銭）を妻に贈与するのと実質的に同じであるからである。また、夫が保険料を負担していた保険契約について、満期保険金（満期日前に受取人を夫から妻に変更し、みなし贈与となったもの）を妻が取得し、その保険金で居住用資産を取得した場合も同条の適用はあるとされている。この場合も、夫が一旦保険金を取得し、その金銭を妻に贈与するのと実質的に同じであるからである（ただし、受取人の変更によって、夫の一時所得に対する課税は回避される）。このように考えると、贈与税の配偶者控除の制度は、条文で示されている「土地」「土地の上に存する権利」「家屋」又は「金銭」に限定されないことになる。

　また、婚姻期間については、法律で「20年以上」との形式的な要件を示されていることから、この要件を満たすために、離婚の時期を延期する行為自体は、入籍期間という形式的な基準を採用している当該制度を鑑みれば、否認の対象にはなりえない。

Ⅱ 贈与税

参考条文等

① 相続税法7条

② 相続税法21条の6

③ 国税庁の質疑応答事例（低額譲受けによる利益相当額についての贈与税の配偶者控除の適用）

【照会要旨】

夫から妻に時価3,670万円の居住用不動産を2,670万円で譲渡しました（妻には、資力があり、売買代金支払いの事実が認められます。）。

これについて、妻は、低額譲受け部分の1,000万円について居住用不動産の贈与を受けたものとして贈与税の申告をすることとなります。このような場合には、妻が贈与を受けたものとして課税対象となるのは、居住用不動産でなく、低額譲受けによる利益相当額であると考えられますが、実質的には1,000万円相当の居住用不動産の贈与を受けたものとして、配偶者控除の適用が認められますか。

2 みなし贈与～取引相場のない株式の譲渡～

事例

　A社の甲元会長（84歳）は、A社の株式（5.0％：63万株）をA社の海外における代理店であるB社会長の乙（オーストラリア連邦の国籍を有し、同国に住所を有する外国人）に「配当還元方式」（1株100円）で譲渡した。乙は、当該譲渡前にすでに1.6％のA社の株式を保有していたので、今回の譲渡によって、6.6％となり、A社の筆頭個人株主になった。ただし、A社においては、上記の譲渡後も、甲及び甲の親族一族で、47.9％のA社株式を保有するところの同族会社であり、乙は、以前からA社の経営には全く関与しておらず、今回、筆頭株主になっても乙のA社に対する経営への参画（関与）はなかった。なお、乙は、当該譲渡代金（6,300万円）を金融機関から借入れる際に、甲に借入金の保証を依頼し、甲は承諾している（甲は、株式の譲渡後、1年を過ぎてから死亡しているが、当該保証については、相続人が継続している。）。また、元会長甲が乙に株式を譲渡した理由（目的）の一つには、「事業承継・相続税対策」も考慮してのことであった。

　この場合、甲と乙の間の取引に対して、相続税法7条《著しく低い価額の対価で財産の譲渡をした場合》を適用して、乙に対して贈与税の課税が行われるか。ところで、過去における（都市銀行に対しての）A社株式の売買事例は3件あり、その売買価額は、800円

であった（原則的な評価方法とほぼ同じ額となる）。

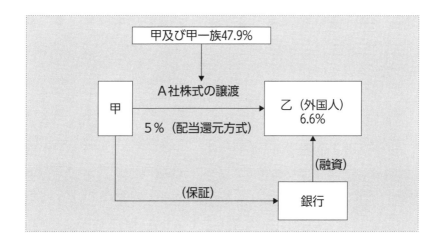

回答

本件については、甲と乙との間で譲渡されたＡ社株式について、配当還元方式（１株100円）に基づいてその価額を「時価」と評価するのが相当である。したがって、乙に対して相続税法７条を適用して、贈与税を課することは相当でない。

コメント

相続税法７条にいう「時価」とは、同法22条の「時価」と同じく、客観的交換価値、すなわち、「不特定多数の当事者間で自由な取引が行われる場合に通常成立すると認められる価値」をいう。そして、客観的交換価値は、必ずしも一義的に明確に確定されるものではないことから、課税実務上、原則として、財産評価基本通達の定めによって評価した価額をもって時価とし、同評価通達では、少

数株主（同族株主以外の株主等が取得した株式）については、「配当還元方式」によって評価することを定めている。少数株主は、一般に、配当を受領するということ以外に直接の経済的利益を享受することがないという実態を鑑みて、このような評価方法が相当であると考えられている。

ところで、乙個人は、6.6％のＡ社株式を保有する筆頭個人株主になるが、甲及びその親族一族を併せた株式の合計は47.9％であることから、甲と親族関係のない乙は、「少数株主」と解するのが相当である。このような株式保有割合の状況下では、乙がＡ社の事業経営に実効的な影響力を与える地位を獲得したともいえない（現実に、乙はＡ社の経営に一切関与していなかったという事実が存する。）。

次に、乙が甲及び甲の相続人からＡ社株式譲渡代金の借入金の保証の便宜を受けたとしても、それをもって実質的な金銭的支出を行うことなく本件株式を取得したとはいえない。さらに、本件のように他人である乙に株式を譲渡する行為が、「相続・事業承継対策」の一環として行われたとしても、そのことをもって、ただちに、本件売買取引が実質的に贈与に等しいとか、贈与税の負担を免れる意図が存したということにはならない。なお、過去におけるＡ社の売買事例が３件あるとしても、これらの事例をもって、乙のＡ社株式の評価について、評価通達に定める「配当還元方式」の適用を排除すべきであるという根拠にもなりえない。

以上のとおり、本件取引について、評価通達に定められた評価方法によらないことが正当と是認されるような特別の事情があるとはいえないので、本件売買取引は、相続税法７条の「著しく低い価額

の対価で財産の譲渡を受けた場合」には該当しないことから、乙に対する贈与税は課せられないと解すべきである。

参考条文等

① 相続税法 7 条

② 相続税法22条

③ 東京地裁平成17.10.12判決

株式発行会社の取引先である会社の代表者Ｘ（外国人）が株式発行会社の取締役会長から株式を買い受けた場合において、①当該株式の取引価格は、１株100円であること、②配当還元方式により評価した価格は、75円であること、③本件売買取引後のＡ社6.6％に過ぎず、Ａ社株式を保有するＢ社及びＣ社株式の保有割合は、それぞれ7.5％、25.3％であって、譲渡人及びその親族の有する株式の保有割合と比較して、ＸがＡ社の事業経営に実効的な影響力を与えうる地位を得たものとは認められないこと、④Ｘが株式売買代金の支払原資とした銀行借入金債務を譲渡人及び譲渡人の相続人が保証しているが、借入金の利息自体はＸが支払っており、実質的な金銭支出を伴うことなく株式を取得したとはいえないこと、⑤本件売買取引の経緯に不自然、不合理な点はなく、譲渡人側の相続・事業承継対策の一環として行われたことが、本件売買取引が実質的に贈与に等しいとか、贈与税の負担を免れる意図が存したということにただちにつながるものではないこと、⑥Ａ社株式の売買実例価格１株793円及び806円は、類似業種比準方式ないしこれと純資産価額とを参酌して評価されたものであるとしても、配当収入以外に期待するものがない非同族株主

117

について配当還元方式による評価によらないで類似業種比準方式ないし純資産価額方式によって評価することが正当化されるほどの客観性を備えたものとはいえないこと、以上によれば、財産評価基本通達に定める評価方法によらないで評価することが相当とされるような特段の事情が存するとはいえない。

Ⅱ 贈与税

3 人格のない社団等に対する贈与

事例

甲は、K大学の同窓会（所得税法2条1項8号「人格のない社団等」に該当する。）に甲の所有するA不動産（土地・家屋）を寄附することにした。この場合、どのような課税関係が生じるのか。また、もしK大学の同窓会が、「人格のない社団等」に該当しない場合には、どのようになるのか。

回答

K大学の同窓会が所得税法2条1項8号の「人格のない社団等」に該当する場合、甲は「みなし譲渡課税」（所法59①一）が生じ、人格のない社団等であるK大学の同窓会は、当該A不動産（収益事業に該当する場合）について、それを受け入れた事業年度の所得金額の計算上、益金の額に算入される。また、人格のない社団等であるK大学の同窓会は、個人とみなされて贈与税の課税が行われる（相法66①）。この場合、人格のない社団等に課されるべき法人税等相当額は控除される（相法66⑤）。

119

一方、K大学の同窓会が、「人格のない社団等」に該当しない場合には、甲にはみなし譲渡課税はされないが、人格のない社団等の構成員である各個人について贈与税が課せられる。

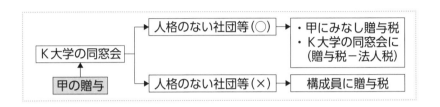

コメント

　所得税法2条1項8号では、人格のない社団等について、「法人でない社団又は財団で代表者又は管理人の定めのあるもの」と定義している。そして、同法3条で、「人格のない社団等は、法人とみなして、この法律の規定を適用する」となっている。

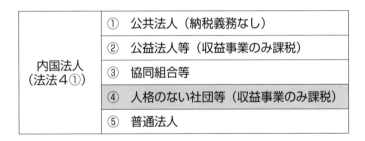

　したがって、K大学の同窓会が、「法人」であるならば、甲は、法人に寄附（贈与）したことになることから、所得税法59条1項1号によって、個人が法人に対して贈与をした場合には、「譲渡があったものとみなす」ことになる。一方、K大学の同窓会は、法人

Ⅲ 贈与税

（人格のない社団等）とみなされることによって、収益事業を営む部分については、法人税の申告を行うことになるが、非収益事業に係るものは課税されない。当該A不動産について、K大学の同窓会で、法人税の課税が行われない限りは、相続税法66条1項によって、K大学の同窓会を「個人とみなして」贈与税が課税されることになる。

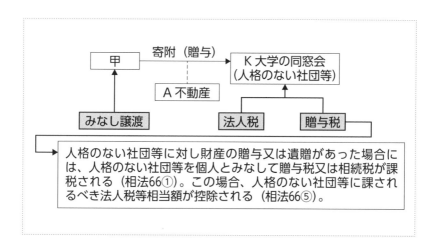

また、K大学の同窓会が、「法人でない社団又は財団で代表者又は管理人の定めがあるもの（所法2①八）」に該当しない場合には、その各構成員（個人）に対する贈与税の課税が発生する。

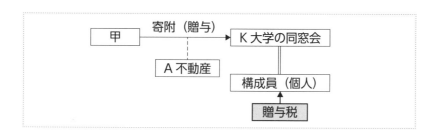

この場合、甲はＫ大学の同窓会にＡ不動産を寄附（贈与）したとしても、同窓会は「法人」でないから、甲に対しては、みなし譲渡課税の問題は発生しないことになる。

参考条文等

① 所得税法２条１項８号

② 所得税法３条

③ 所得税法59条１項

④ 相続税法66条１項、５項

⑤ 福岡高裁平成２.7.18判決（熊本ネズミ講事件）

（個人と社団の区別）
　個人を離れて社団の実在が認識されるには、個人の意思とは別個独立の団体意思が認識され、事業活動に要する団体固有の資産が個人と峻別されて存在することが、最低限不可欠である。

⑤ 国税庁の質疑応答事例（人格のない社団に対する資産の寄附とみなし譲渡課税）

Ⅲ 贈与税

4 同族株式評価の錯誤と再遺産分割協議

事例

　父の死亡によって、甲（長男）、乙（次男）及び丙（長女）の3人は、父の相続財産について分割の協議を行った。そして、父の相続財産の中に、同族会社の株式があり、甲が当該同族会社の株式（原則的評価）の大部分を取得するが、乙及び丙が各5,000株式ずつを相続しても、乙及び丙については「配当還元方式」によって評価することができると、相続税の申告を依頼していた税理士から説明を受けた。また、税理士は、所轄の税務署においてもその評価方法についての相談をし、「配当還元方式を適用できる」との回答を受けていた。

　乙と丙は、当初、当該同族会社の株式を相続することについて同意していなかったが、配当還元方式における評価であれば、5,000株をそれぞれ相続してもよいとのことで、甲、乙及び丙の3人で、当該同族会社の株式を相続することにし、その旨の分割協議書（「当初分割協議書」）を作成した。そして、当初分割協議書に基づいて、相続税の申告書を提出したのであるが、その後、「財産評価基本通達188-4」によって、乙及び丙の同族会社株式について、配当還元方法で評価できないことが判明した。そこで、乙及び丙の相続する同族会社の株式をそれぞれ1,000株（注：1,000株であれば、配当還元方式が適用される）に減らし、再度、分割協議を行い、新たな分割

123

協議書（「再分割協議書」）を作成し、それに基づいて、3人は、修正申告及び更正の請求を行った。この場合、相続財産である同族会社株式について、乙及び丙から甲に対して、贈与（乙及び丙のそれぞれ4,000株）したものとして課税されるか。

回答

　当初の遺産分割協議については、要素の錯誤（動機の錯誤も要素の錯誤となりえる）があることから、無効である。したがって、新たな遺産分割協議書のみが、有効な遺産分割協議書と認められることから、贈与として課税されない。

　すなわち、配当還元方式で本件株式を評価することが遺産分割協議の意思決定の重要な要素となっており、その評価方法が適用されなければ、遺産分割協議が成立しえなかったことも明白である。また、その評価方法について、財産評価基本通達188-4の適用の吟味を十分行わなかったことについて、「重大な過失」があったとも認められない。

コメント

　民法95条《錯誤》は、「意思表示は、法律行為の要素に錯誤があったときは、無効とする。ただし、表意者に重大な過失があったときは、表意者は、自らその無効を主張することができない。」と定めている。そして、法律行為を行うに際して、当該法律行為の動機に錯誤があり、その動機が明示的又は黙示的に表示され、法律行為の「要素」となっている場合には、同条によって、当該法律行為は無効と解される。

ただし、同条に示されているように表意者に「重大な過失」があるときは、表意者は自らにその無効を主張することはできないことになっている。

本件について、乙及び丙は、配当還元方式で評価されることを前提として、当該同族会社の株式をそれぞれ5,000株取得することに同意したのであって、その取得につき、配当還元方式を適用するという動機が法律行為の内容になっている。そうすると、配当還元方式が適用されるという誤信がなければ、乙及び丙は、それぞれ1,000株を取得していたものと推認される。

したがって、当初分割協議の合意には、動機の錯誤があり、その動機が当初遺産分割協議書に表示されて意思表示（法律行為）の内容となっており、そしてもしこの錯誤がなければ、乙及び丙は、そのような意思表示をしなかったであろうから、当初遺産分割協議の合意には要素の錯誤があったとするのが妥当である。

また、評価通達188-4の確認を怠ったことについて、相続人らに「重大な過失」があるか否かであるが、税理士そのものが評価方法を検討し、さらに、所轄税務署においても評価の確認をしていることからすると、少なくとも社会通念上考えうる手段を尽くして、本件同族会社株式について、配当還元方式の妥当性を検討していることから、通常要求される注意義務を著しく欠いているとは認められないことから、重大な過失があったとまではいえないであろう。

参考条文等

① 民法95条《錯誤》

② 　会社法308条《議決権の数》

③ 　財産評価基本通達188-4

> 188《同族株主以外の株主等が取得した株式》の（1）から（4）
> までにおいて、評価会社の株主のうちに会社法308条1項の規定
> により評価会社の株式につき議決権を有しないこととされる会社
> があるときは、当該会社の有する評価会社の議決権の数は0とし
> て計算した議決権の数をもって評価会社の議決権総数となること
> に留意する。

④ 　財産評価基本通達188（4）

> 中心的な株主がおり、かつ、同族株主のいない会社の株主のう
> ち、課税時期において株主の1人及びその同族関係者の有する議
> 決権の合計数がその会社の議決権総数の15％以上である場合にお
> けるその株主で、その者の株式取得後の議決権の数がその会社の
> 議決権総数の5％未満であるもの（（2）の役員である者及び役員
> となる者を除く。）の取得した株式
> 　この場合における「中心的な株主」とは、課税時期において株
> 主の1人及びその同族関係者の有する議決権の合計数がその会社
> の議決権総数の15％以上である株主グループのうち、いずれかの
> グループに単独でその会社の議決権総数の10％以上の議決権を有
> している株主がいる場合におけるその株主をいう。

5 合資会社における無限責任社員と有限責任社員の交代

事例

合資会社Y（以下、「Y社」という。）は、時価による純資産価額がマイナス、すなわち「債務超過」の状態にある。

この度、無限責任社員甲（父）と有限責任社員乙（長男）は、世代交代のため代表社員を交代することになった。社員2名の合資会社のまま代表権を移行するためには、無限責任社員と有限責任社員が1名以上必要であるため、既存社員の責任を次のように交代することで代表権を移行させることにした。

甲：無限責任社員（父）	→	有限責任社員
乙：有限責任社員（長男）	→	無限責任社員

なお、Y社は、責任交代時において、2億円の債務超過の状態にあり、甲に対するY社の債権者からの請求又は請求の予告はない。

社員変更登記後2年を経過した時においても、Y社は債務超過の状態が継続しており、社員変更登記後2年以内の間に、甲及び乙によるY社の債務の弁済はなく、甲に対するY社の債権者からの請求又は請求の予告もなかった場合、どのような課税関係が発生するか。

回答

① 会社法583条3項の規定によって、無限責任社員甲が有限責任社員になった時には、原則として、甲に対して贈与税及び所得税の課税関係は生じない。

② 上記①の場合において、会社法583条4項の規定によって、社員変更登記後2年を経過した時に甲の有するY社に係る無限責任社員としての債務弁済責任が消滅するが、社員変更登記後2年を経過した時にY社が債務超過の状態の場合には、相続税法9条の規定によって、甲の有するY社に係る無限責任社員としての債務弁済責任消滅の利益について、甲に対して贈与税の課税が生じる。

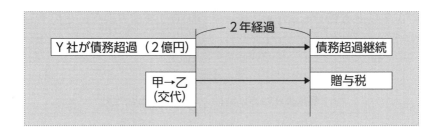

ただし、2年の間に、業績が回復し、一旦、債務超過が解消され、その後、再び債務超過になった場合には、贈与税の課税関係は

生じない。

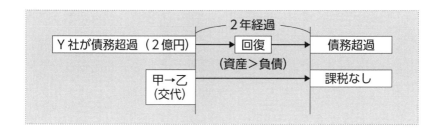

《コメント》

　会社法580条1項に規定する無限責任社員の責任は、持分会社（合名会社、合資会社又は合同会社）が会社財産による債務の完済不能な場合、当該持分会社の債務を他の無限責任社員と連携して、債務者に対して負う責任とされている。この債務弁済責任は、会社法583条3項及び4項の規定に基づき、無限責任社員が有限責任社員となったとしても、なお、社員変更登記後2年間は、従前と同じ無限責任社員としての責任を負うこととされている。したがって、無限責任社員甲が有限責任社員となったとしても、その時点で債務弁済責任が消滅しないのであるから、贈与税の課税は発生しない。

　しかしながら、会社法583条4項の規定によれば、有限責任社員となった甲が負っている従前の無限責任社員としての責任は、社員変更登記後2年を経過したときに消滅することになるから、この時点でY社が債務超過の状態であれば、甲は債務を弁済する責任を負わないとする経済的利益を受けることになる。そして、同時に、無限責任社員乙が債務弁済責任を負う（引き継ぐ）ことになるから、相続税法9条の規定（みなし贈与）が適用され、乙（個人）から甲

（個人）に対して、経済的利益が贈与されたことになる。

　また、上記２年間で、一旦債務超過が解消され、再び債務超過に陥った場合には、甲の、無限責任社員から有限責任社員となった時点の債務弁済責任は消滅しているのであるから、贈与税の課税関係は発生しない。この場合、Ｙ社（法人）から甲が経済的利益を受けたとして、（法人から個人に対する贈与として）甲に一時所得が課されると解すべきであろうか。これに対しては、私見として、否定的に解したい。けだし、合資会社の無限責任社員は、合資会社の資産負債そのものをパススルーすることになっていることから、合資会社の資産負債は、実質的には「無限責任社員個人に帰属するもの」と考えることができる。そうすると、合資会社の債務超過が減少したとしても、そのことをもって、法人（合資会社）から「経済的利益」の贈与を受けたことにはならないと解すべきである。

参考条文等

① 　会社法580条１項《社員の責任》

② 　会社法583条３項、４項《社員の責任を変更した場合の特則》

③ 　相続税法９条

④ 　国税庁事前照会（平成21.2.4回答）「債務超過の合資会社の無限責任社員が有限責任社員となった場合等の贈与税等の課税関係について」

Ⅱ 贈与税

6 贈与税の配偶者控除と居住

事例

　甲は、甲の妻乙に、現在住んでいる居住用の建物及び土地（以下、「本件贈与物件」という。）を贈与することを考えている。甲と乙の婚姻期間は、30年である。しかし、当該贈与物件は、甲と乙の老後を考えて、将来、賃貸物件にする予定である。すなわち、甲らは、少し高級な介護付きの施設に入ることを希望して、本件贈与物件から得ることのできる賃貸収入によって、その施設の費用を一部賄おうと考えている。なお、乙は、他に資産を保有していないので、将来、一定の収入を乙に生じさせるために、贈与することを考えている。ただ、介護付きの施設の入居時期については、まだ定かではない。

　この場合、当該贈与物件について、贈与税の配偶者控除（相法21の6）を受けることができるか。すなわち、本件は、相続税法21の6に定める「その後引き続き居住の用に供する見込み」の要件に該当しないのか。

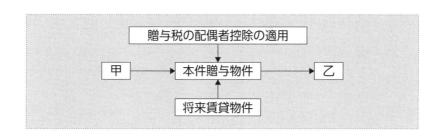

131

回答

本件贈与物件は、将来介護付きの施設に入るため、そして乙に一定の収入を得させるために、甲が乙に、居住用の不動産を贈与しようとすることを目的としたものである。ただ、本件贈与物件を賃貸物件に変更する時期そのものについては、定かではなく、また、現に贈与された後に、当分の間は居住の用に供する見込みであるから、他の要件を満たしている限り、本件贈与物件について、乙は、贈与税の配偶者控除の適用を受けることができる。

コメント

贈与税の配偶者控除については、次の要件を満たした場合に適用される。

すなわち、その年において、その者との婚姻期間が20年（１年未満の端数は切り捨てられる（相基通21の６-７））以上である配偶者から、贈与により次の①又は②の財産を取得した場合には、その年分の贈与税について基礎控除110万円のほかに2,000万円が控除される（相法21の６）。

①　もっぱら居住の用に供する土地若しくは土地の上に存する権利又は家屋で日本国内にあるもの（以下「居住用不動産」という。）を、贈与を受けた年の翌年３月15日までに受贈者の居住の用に供し、かつ、その後引き続き居住の用に供する見込みであるもの

②　居住用不動産を取得するための金銭で、贈与を受けた年の翌年３月15日までに居住用不動産の取得に充てられ、かつその取得した居住用不動産を同日までに受贈者の居住の用に供し

132

Ⅱ 贈与税

する見込みである場合におけるその金銭の額

　本件における「その後引き続き居住の用に供する見込み（前述下線部）」という贈与税の配偶者控除の要件は、納税者にとって、いつまで居住の用に供し続ければ認められるのか、という素朴な疑問を生じさせる。条文の文言を解釈すれば、例えば、贈与を受けた年の翌年の４月に、たまたま高額で購入を希望する者が現れ、その者に譲渡した場合であっても、受贈者が贈与税の申告時点において「その後引き続き居住の用に供する見込み」であったとするならば、贈与税の配偶者控除は認められることになるのであろう。

　要は、贈与税の申告時点において、「その後引き続き居住の用に供する見込み」であれば、結果として、その後、譲渡をしたとしても、適用が認められることになる。その意味で、当該要件は、一時点における受贈者の見込みを要件としているのである。見込みの判断時点は、贈与税の申告書を提出する時期となることから、その後、見込みと反する（居住の用に供しない）事実が生じたとしても、当該要件を満たしていないと言うことにはならない。あくまでも「見込み」（将来の可能性）なのである。また、「将来の可能性」というものは、必ずしも一つの可能性に限定されるとは限らない。すなわち、本件贈与物件の見込み（将来の可能性）については、申告時点において「居住用物件」として使用されるか、又は「賃貸物件」に利用されるかの二つの可能性があるということもできる。その意味では、本件贈与物件は、賃貸物件とされる可能性もあるが、「その後引き続き居住の用に供する見込みであるもの」とも言えるのである。

　したがって、本件贈与物件は、贈与税の配偶者控除の適用を受け

ることができる。なお、居住用財産の譲渡所得の特例（3,000万円
控除（措法35））を将来、夫婦でそれぞれ適用を受ける（合計6,000
万円の控除）ために、贈与税の配偶者控除を行うケースもみられる
が、これも本件と同様に「その後引き続き居住の用に供する見込み
であるもの」と解されるのであろう。

参考条文等

① 相続税法21条の6
② 租税特別措置法35条
③ 相続税法基本通達21の6－7

7 贈与税の配偶者控除と持分贈与

事例

甲は、甲の配偶者乙に、相続税法21条の6《贈与税の配偶者控除》に規定する居住用不動産の特例を受けるために、下図の一筆のA土地（400坪）を分筆せずに、1/8の持分を贈与した。この場合、贈与税の配偶者控除の対象となる土地は、いくらになるのか。

すなわち、①400坪×1/8＝50坪なのか、②300坪×1/8＝37.5坪なのかである。①の場合は、居住用宅地の300坪のうち、50坪が贈与税の配偶者控除の対象となり、②の場合は、1/8には貸家アパートの土地も12.5坪（100坪×1/8＝12.5坪）も含んでいるので、居住用の300坪の土地のうち、37.5坪が、贈与税の配偶者控除の対象となる。

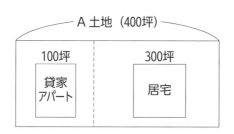

なお、甲は、贈与証書には、居宅300坪の1/8を贈与するような記述がなされているが、登記簿謄本には、上記の贈与証書のような

限定された内容ではなく、本件土地（400坪）の持分の1／8の所有権が、贈与を原因として、甲から乙に移転したことが記載されている。したがって、登記申請に当たっては、居宅300坪の1／8を贈与する旨の限定された文言はない。

回答

本件については、登記簿謄本に示されているとおり、A土地の1／8が贈与されたことになるので、居住用の300坪の土地のうち、37.5坪が、贈与税の配偶者控除の対象となる。

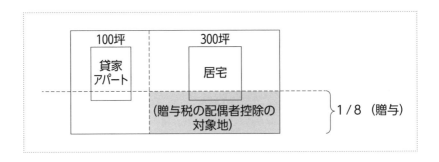

コメント

相続税法21条の6第1項は、贈与により、婚姻期間が20年以上の配偶者から、もっぱら自己の居住の用に供する土地若しくは土地の上に存する権利又は家屋を取得した者は、課税価格から2,000万円を控除する旨規定し、同条第3項は、上記の規定は、贈与税の申告書に大蔵省令（現財務省令）で定める書類（戸籍の謄本又は抄本及び戸籍の附票の写し並びに居住用不動産に関する登記簿の謄本又は抄本など）の添付がある場合に限り、適用する旨規定している。

Ⅱ 贈与税

　なお、本件受贈財産が何であるかを判断するに当たっては、上記のように、本件贈与証書、本件原因証書及び登記の記載内容を実質的かつ客観的に考察すべきものであるから、もっぱら契約当事者による主観的判断によるべきではない。そうすると、本件については、登記簿謄本に基づいて、37.5坪が、贈与税の配偶者控除の対象となる。

　ところで、相続税法基本通達21の6-3のただし書きでは、店舗兼住宅等の持分の贈与があった場合には、居住用部分を優先的に取得したものとするよう定められている。しかし、土地の持分の贈与についてもこれと同様の取扱いをすべきであり、分筆をしてまで居住用家屋の敷地であることを特定しなければ、本件特例が受けられないということになると、配偶者控除の設けられた趣旨にも反し、他の者との間において不公平が生ずることとなるとの考えもある。しかしながら、同通達のただし書きは、店舗兼住宅等について配偶者が持分の贈与を受けた場合には、区分所有権の対象となり得る場合を除いて、法律上も実際の利用上も明確な分割ないし分離が困難な家屋について、その居住用部分のみを贈与し、あるいはその全部を使用させるというのが贈与当事者間の通常の意思と解されるため、立法趣旨にかんがみ例外的に認められた取扱いである。

　これに対し、本件のケースのように、一筆の敷地に利用区分の違う2棟がそれぞれ独立して存在しているような場合は、法律上も実際の利用上も明確な分割ないし分離が可能であるから、店舗兼住宅等の場合とは事情が異なるというべきであり、相続税法基本通達21の6-3のただし書きの取り扱いをそのまま適用することはできない。

137

参考条文等

① 相続税法21条の6

② 相続税法基本通達21の6 - 3

Ⅱ 贈与税

8 財産分与と住宅ローン

事例

夫婦であったＡとＢは離婚をした。この離婚によって、Ａ（夫）は自宅（Ａ名義）をＢ（妻）に引き渡すことになった。自宅の時価は、4,000万円（取得費は1,000万円）であったが、甲銀行からの住宅ローンの1,500万円が残っていた。Ｂは、離婚後、自宅にそのまま住み続けることを強く希望したため、Ａの住宅ローン1,500万円をそのまま引き継ぎ、自宅をＡから譲り受けた。自宅の引き渡しに手間が掛かったため、離婚の届出を提出してしばらくしてから、ＡはＢに自宅を引き渡した。この場合、どのような課税関係が発生するのか。なお、Ｂが引き継いだ住宅ローンは、贈与税の対象になるのか。

回答

Ａは、時価4,000万円の自宅を1,500万円の住宅ローンとともに、Ｂに引き渡したのであるから、Ａは、その1,500万円の債務の引継という利益を受けたことになるが、当該利益は、自宅の対価の一部と考えられることから、贈与税の対象にはならない。

また、Ａが取得費1,000万円、時価4,000万円の自宅（1,500万円の債務付）をＢに離婚に伴い引き渡しているということは、Ａに「財産分与の義務の消滅」（4,000万円−1,500万円）という経済的利益

139

（2,500万円）が発生しているということを意味し、その部分については譲渡所得が発生する。したがって、収入金額4,000万円（1,500万円＋2,500万円）から、取得費1,000万円を控除した3,000万円が譲渡所得になる。ただし、Aは自宅を譲渡したのであるから、「居住用財産の譲渡所得の特例（措法35）」の適用を受け、3,000万円控除を受けることができ、課税所得は0となる。ちなみに、譲渡の相手先は、離婚後の元妻のBであるが、譲渡時においては他人となっているので、この特例の適用を受けることはできる。

◆コメント◆

　協議離婚については、民法763条で「夫婦は、その協議で、離婚をすることができる」と述べている。離婚の合意が成立すれば、裁判所などの関与を経ずとも離婚することはできる。ただし、届出は必要である。協議離婚の要件には、①実質的要件と②形式的要件がある。実質的要件としては、離婚の意思が要求され、形式的要件としては、戸籍法の定めによる届出が要求されている。協議離婚は戸籍法の定めるところにより届出をすることによってその効力を生ず（民764が民739を準用）。届出の受理は、当事者双方及び成年の証人2名以上が署名した書面で、又はこれらの者から口頭でなすこと（民739②）、親権者の定めがあること（民819①）、その他の法令に違反しないことが要件とされている（民765①）。ただし、これらの要件に違反しても、受理されてしまえば離婚そのものの効力に影響はしない（民765②）。

　離婚の財産上の効果として、民法768条では「財産分与請求権」の規定を設けている。すなわち、離婚をした者の一方は、相手方に

対して財産の分与を請求することができる（民768①）。財産分与請求権の内容については、①夫婦の財産関係の清算、②離婚に伴う損害賠償金、及び③離婚後の配偶者の扶養の３つの要素があるといわれているが、本事例の財産分与においては、少なくとも、上記①の夫婦の財産関係の清算には該当しないという前提で、Aの課税関係が示されている。Aは、財産分与として、住宅ローン付きの自宅をBに引き渡したのであるが、次図に示される課税関係が発生することになる。

すなわち、住宅ローンの1,500万円は、住宅の対価の一部であるから、「財産分与の消滅義務＝経済的利益」は、住宅ローン1,500万円を控除した残金2,500万円に相当すると考えられ、Aには「贈与税」は発生しないのである。

参考条文等

① 民法739条《婚姻の届出》
② 民法763条《協議上の離婚》
③ 民法764条《離婚の規定の準用》
④ 民法765条《離婚の届出の受理》
⑤ 民法768条《財産分与》

⑥　民法819条《離婚又は認知の場合の親権者》

⑦　租税特別措置法35条

⑧　最高裁昭和50.5.27判決

上告人が、離婚に際して慰謝料として土地及び建物を妻に譲渡したところ、被上告人税務署長が譲渡所得の申告がなされていないとして上告人の所得税について更正処分をしたため、その取消しを求めた事案の上告審で、財産分与義務の消滅は、それ自体一つの経済的利益ということができるから、財産分与として不動産等の資産を譲渡した場合、分与者は、これによって、分与義務の消滅という経済的利益を享受したものというべきである。

II 贈与税

9 共有物の放棄と所得税法60条1項

事例

兄弟である甲と乙は、A土地（20年前に5,000万円で取得）を共有で所有していた。甲は、事業の失敗が原因で、債務超過の状態に陥って、債務の支払いが不能な状態になった。そこで、乙は、A土地の自分の持分を放棄することとした。A土地の時価（相続税の評価額も同一）は、1億円である。乙の持分放棄によって、乙の持分を取得した甲は、A土地を1億円で譲渡して、その金員で債務の一部を弁済した。

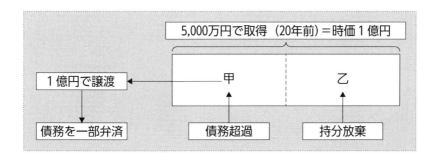

また、甲と乙の父である丙が、将来死亡したときには、その相続財産4,000万円について、乙が相続を放棄し、当該相続財産を甲のみが相続することとしている。なお、被相続人丙の相続人は、甲と乙のみである。

これらについて、甲と乙の課税関係はどのようになるのか。

回答

　乙がA土地の持分放棄をすることによって、共有者である甲はA土地の乙持分を取得することから、みなし贈与として、甲に対して贈与税が課せられる。ただし、甲が資力を喪失して債務を弁済することが困難である等であれば、みなし贈与税は適用されない。そして、甲が1億円で譲渡したA土地のうち、持分放棄で取得した乙の持分相当額については、所得税法60条1項が適用されないので、当該持分については、譲渡所得が発生しない。甲の従前からの持分については、キャピタルゲイン（5,000万円−2,500万円）が発生するので、譲渡所得（2,500万円）が課税される。A土地の持分放棄した乙に対しては、課税問題は生じない。

　また、丙の相続財産については、被相続人丙の相続人である乙が相続放棄をすることによって、甲1人が相続財産4,000万円を相続しても、当該相続放棄は、相続財産の分割における処理の問題であるから、みなし贈与の適用は受けない。さらに、当該相続財産は、相続税の基礎控除額（3,000万円＋600万円×2人＝4,200万円）以下の相続財産であるから、相続税の課税は発生しない。

コメント

　民法255条は、「共有者の一人が、その持分を放棄したとき、又は死亡して相続人がないときは、その持分は、他の共有者に帰属する」と規定している。これは、相続財産が国庫に帰属すべき場合にも、便宜上国庫に帰属させずに、他の共有者に持分に応じて帰属さ

せるというものである。これを「共有の弾力性」という。したがって、乙が持分放棄することによって、甲がその持分を取得することになる。この乙の持分放棄によって、甲が5,000万円（1億円の1/2）の利益を受けることから、当該利益は、相続税法9条のみなし贈与の規定を受けることになるが、同条のただし書きでは「当該行為が、当該利益を受ける者が資力を喪失して債務を弁済することが困難である場合において、その者の扶養義務者から当該債務の弁済に充てるためになされたものであるときは、その贈与又は遺贈により取得したものとみなされた金額のうちその債務を弁済することが困難である部分の金額については、この限りでない」と規定している（乙は甲の扶養義務者である（民877①））。また、相続税法基本通達でも「法第7条に規定する「資力を喪失して債務を弁済することが困難である場合」とは、その者の債務の金額が積極財産の価額を超えるときのように社会通念上債務の支払が不能（破産手続開始の原因となる程度に至らないものを含む。）と認められる場合をいうものとする」（相基通7-4）と規定している。したがって、甲はみなし贈与の課税は受けない。

　次に、甲がA土地を譲渡した場合、乙の持分放棄によって取得した部分については、所得税法60条1項は適用されない（同条には、「みなし贈与」という文言がないため、みなし贈与は含まれない。すなわち、相続税法のみなし贈与の規定は、所得税法の贈与を含まない）ため、甲の取得費と取得時期は引き継がないことになる。したがって、乙は、甲の持分放棄に係る分については、5,000万円で取得したことになり、同額で譲渡すると当該部分に係る譲渡所得は発生しないことになる。なお、従来から持っている甲の持分

145

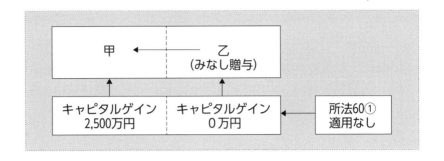

については、キャピタルゲインが（2,500万円）発生しているので、譲渡所得は課される。

また、被相続人丙の相続人である乙が相続放棄をすることによって、相続財産4,000万円を甲1人が相続しても、相続財産の分割における処理の問題であるから、みなし贈与（相法9）の適用は受けない。相続税法基本通達9-12においても、「相続の放棄を除く」と書かれている。また、相続税の基礎控除額以下の相続財産であるから、相続税の課税も発生しない。

参考条文等

① 民法255条《持分の放棄及び共有者の死亡》
② 民法877条《扶養義務者》
③ 所得税法60条
④ 相続税法9条
⑤ 所得税法施行令126条
⑥ 法人税法施行令54条
⑦ 相続税法基本通達7-4
⑧ 相続税法基本通達9-12

⟨Ⅱ 贈与税⟩

⑨　法人税基本通達7－3－16の2

⑩　持分放棄の登記手続（「持分権放棄」を登記原因として、持分放棄
　　者から他の共有者への持分権移転登記手続きをする。）

⑪　甲乙共有不動産につき、甲持分を丙に「持分放棄」による共有持分
　　移転登記申請（昭和60.12.2／民3第5440号民事局長回答）

10 信託設定とその対価の負担

事例

　夫である甲は、妻の乙に対して、自己の所有する賃貸マンション（２億円）を「信託財産」として、このマンションから生ずる収益の全部の受益者を乙とする信託契約を丙信託会社と締結することとした。信託契約の効力は、信託契約と同時に発生し、かつ、甲が死亡した場合、信託契約は終了し、当該賃貸マンションは乙に帰属することになっている。なお、この信託契約の設定に際して、甲は、乙から5,000万円の金員を受け取る予定である。この場合、甲と乙の課税関係は、どのようになるのか。

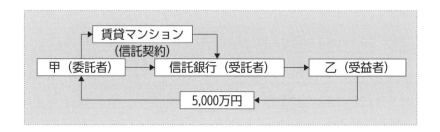

回答

　乙は、信託の受益者で、賃貸マンションの価額は、２億円であるが、信託に際して5,000万円を乙は甲に支払う予定であるから、1.5億円が甲から乙に贈与されたとして、乙に贈与税が課税される。一

方、甲は、乙から信託に際して、5,000万円を受領していることから、当該金員について譲渡所得の収入金額として所得税が発生する。

コメント

　相続税法９条の２第１項では、「信託（退職年金の支給を目的とする信託その他の信託で政令で定めるものを除く。以下同じ。）の効力が生じた場合において、適正な対価を負担せずに当該信託の受益者等（受益者としての権利を現に有する者及び特定委託者をいう。以下この節において同じ。）となる者があるときは、当該信託の効力が生じた時において、当該信託の受益者等となる者は、当該信託に関する権利を当該信託の委託者から贈与（当該委託者の死亡に基因して当該信託の効力が生じた場合には、遺贈）により取得したものとみなす。」と規定している。この場合「委託者」と「受益者」は、共に個人であるということになる。そして、課税が発生するのは、「信託の効力」が生じたとき、すなわち、信託を設定する法律行為の効力が生じたときである。

　したがって、本件事例において「甲の死亡に基因して当該信託の効力が生じる」と規定すれば、信託の設定時には課税されないことになる。また、死亡に基づいて、信託の効力が発生することになるから、「遺贈」により取得したものとみなされる。上記の「信託に関する権利」とは、信託行為に基づき受託者に対して信託財産に属する財産上の給付を求める権利で、一般的には、「信託の受益権」を言うが、上記条文でも示されているように、特定委託者（信託の変更する権限を現に有し、かつ、信託財産の給付を受けることとさ

れている者）も課税対象者としていることから、一般的な受益権の概念よりも広いものと解されている。

次に、「信託に関する権利の評価」であるが、財産評価基本通達202（１）では、「元本と収益との受益者が同一人である場合においては、この通達に定めるところにより評価した課税時期における信託財産の価額によって評価する」と規定している。

本事例では、乙の取得した信託に関する権利の価額は、課税時期である信託の効力発生時における賃貸マンションの価額である２億円であるが、信託に際して、乙は甲に対して5,000万円の金員を支払うので、その差額の1.5億円が贈与されたものとして課税されることになる。一方、甲は、乙から信託に際して、5,000万円の金員を受領しているので、当該金員は、賃貸マンションの譲渡所得の収入金額として所得税が課税されることになる。

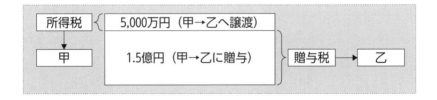

参考条文等

① 相続税法９条の２
② 財産評価基本通達202

Ⅱ 贈与税

11 相続時精算課税と贈与者又は受贈者の死亡

事例

　父親甲（70歳）が子供乙（25歳）に2,000万円の金員を平成27年3月に贈与し、相続時精算課税の適用を受けようとしたが、その年の7月に甲が死亡した。この場合、「相続時精算課税選択届出書」はどこに提出すればよいのか。また、相続時精算課税の適用を受ける受贈者の乙が死亡した場合には、どうなるのか。受贈者の相続人が乙の相続時精算課税の適用を受けることができるか。

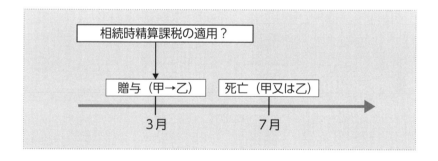

回答

　贈与者甲が贈与をした年の中途において死亡した場合には、「相続時精算課税選択届出書」の提出先は、受贈者乙の住所地の所轄税務署ではなく、贈与者甲の住所地の所轄税務署に提出することになる（相令5①）。

受贈者乙が贈与を受けた年中に死亡した場合においては、乙が生前贈与を受けていた財産について、乙の相続人が相続時精算課税制度の適用を選択したときには、乙の相続人が相続時精算課税制度の適用を受けることに伴う納税に係る権利又は義務を承継することになる。

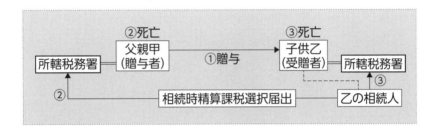

▶コメント◀

　相続時精算課税の制度とは、原則として60歳以上の父母又は祖父母から、20歳以上の推定相続人である子又は孫に対し、財産を贈与した場合において選択できる贈与税の制度である。この制度を選択する場合には、贈与を受けた年の翌年の2月1日から3月15日の間に一定の書類を添付した贈与税の申告書を提出する必要がある（相法21の9）。そして、この制度を選択すると、その選択に係る贈与者から贈与を受ける財産については、その選択をした年分以降全てこの制度が適用され、「暦年課税」（相法21の5、措法70の2）へ変更することはできない。

　ところで、本事例のように、贈与者が贈与をした年の中途に死亡した場合に、相続時精算課税の適用を受けるときは、「相続時精算課税選択届出書」の提出期限及び提出先が通常の場合とは異なるこ

とに注意しなければならない。

すなわち、次の①又は②のいずれか早い日までに、贈与者の死亡に係る相続税の納税地の所轄税務署へ提出することになる。

①　贈与税の申告書の提出期限（通常は、贈与を受けた年の翌年の３月15日）

②　贈与者の死亡に係る相続税の申告書の提出期限（通常は、相続の開始の日の翌日から10か月を経過する日）

なお、②の日がこの届出書の提出期限となる場合に、贈与者の死亡に係る相続税の申告書を提出するときには、相続税の申告書にこの届出書を添付しなければならない。

贈与により財産を取得した者が相続時精算課税制度の適用を受けることができる場合において、その受贈者が贈与税の申告期限前に「相続時精算課税選択届出書」を提出しないで死亡したときは、その死亡した受贈者の相続人は、選択により、原則として、その相続の開始のあったことを知った日の翌日から10か月以内に「相続時精算課税選択届出書」をその死亡受贈者の贈与税の納税地の所轄税務署に贈与税の申告書に添付して共同で提出することができる（相法21の18）。そして、これを提出した場合には、相続人は、相続時精算課税制度の適用を受けることができる（相令５の６）。なお、贈与により財産を取得した者の相続人が当該贈与をした者のみである場合には、相続税精算課税選択届出書を提出することはできない（相基通21の18-１）。また、相続時精算課税選択届出書を提出しようとする相続人が２名以上いる場合の当該相続時精算課税選択届出書の提出は、一の相続時精算課税選択届出書に相続人全員が連署して行うのであるが、当該相続人のうち１名でも欠けた場合には、相

続時精算課税の適用を受けることはできない（相令５の６、相基通
21の18-２）。

参考条文等

① 相続税法21条の５

② 相続税法21条の９

③ 相続税法21条の18

④ 租税特別措置法70条の２

⑤ 相続税法施行令５条

⑥ 相続税法施行令５条の６

⑦ 相続税法基本通達21の18-１

⑧ 相続税法基本通達21の18-２

Ⅲ

譲渡所得税

1 医療法人と租税特別措置法35条

事例

　医療法人Xの院長Aの母親Bは、医療法人に隣接する場所に居宅を有しているが、医療法人の病棟を増設するために、同居宅を医療法人に売却する予定である。この場合、甲は、租税特別措置法35条《居住用財産の譲渡所得の特別控除》の特例を受けることができるのか。

　なお、医療法人X（出資の定めのある社団法人）は、主としてAとBの出資する法人であるが、社員としては、A、Bの他C（副院長）、D（副院長）、E（事務長）、F（薬剤師長）、G（看護師長）、H（レントゲン技師長）の8名で、CからHまでは、A及びBとの親族等の特別関係者ではない。

X医療法人の社員構成			
A	院長	E	事務長
B	Aの母	F	薬剤師長
C	副院長	G	看護師長
D	副院長	H	レントゲン技師長

（▢部：親族）

Ⅲ 譲渡所得税

▶回答◀

Bが（A及びBの出資する）医療法人Xに対して、自己の居住用家屋及び土地を譲渡しても、Bは租税特別措置法35条の3,000万円の特別控除の適用を受けることはできる。

▶コメント◀

租税特別措置法35条2項1号では、「当該個人の配偶者その他の当該個人と政令で定める特別の関係がある者」に対して、居住用家屋及び土地を譲渡するものについては、同条の適用が認められないことになっている。そして、上記の政令すなわち、租税特別措置法施行令23条2項では、「法35条2項1号に規定する当該個人と政令で定める特別の関係がある者は、法20条の3第1項各号に掲げる者とする。」と規定されている。租税特別措置法施行令20条の3第1項は、同法31条の3第1号《居住用財産を譲渡した場合の長期譲渡所得の課税の特例》における「当該個人の配偶者その他の当該個人と政令で定める特別の関係がある者」を定めたものである。条文の流れは、次図のとおりである。

租税特別措置法施行令20条の3第1項5号は、「当該個人、当該個人の第1号及び第2号に掲げる親族、当該個人の使用人若しくは

その使用人の親族でその使用人と生計を一にしているもの又は当該個人に係る前2号に掲げる者を判定の基礎となる法人税法2条14号に規定する株主等とした場合に法人税法施行令4条2項に規定する特殊の関係その他これに準ずる関係のあることとなる会社その他の法人」（傍点：筆者）と規定している。法人税法2条14号は、株主等について「株主又は合名会社、合資会社若しくは合同会社の社員その他法人の出資者」とし、法人税法施行令4条2項で規定している「特殊の関係のある法人」には、同族会社の判定（法法2十）に係るものである。

　本件については、譲渡した相手は、医療法人であり、会社法（商法）からの借用概念である「会社」そのものに医療法人が該当しないことから、租税特別措置法施行令20条の3第1項5号の「…会社」には該当しないが、同法通達31の3-25で「租税特別措置法施行令20条の3第1項5号に規定する「会社以外の法人」には、例えば、出資持分の定めのある医療法人のようなものがある」と規定しているゆえに、「その他の法人」（上記の傍点）に該当する。すなわち、「医療法人」も租税特別措置法施行令20条の3第1項5号の中に含まれることになる。ただ、医療法人の社員総会は、出資持分割合と関係のない「一人一議決権」で決議が行われることになる。

　したがって、過半数の出資持分を有していなくても、医療法人を支配できることになる。本件事例の場合、AからHまでの8人のうち、上位3グループ（A及びB、C、D）を持ってしても50%を越えることはない（4人／8人）ので、同族会社の判定に該当しないことになる。

　　（注）会社の株主等（その会社が自己の株式又は出資を有する場合のその会社を除

Ⅲ 譲渡所得税

く。）の３人以下並びにこれらと政令で定める特殊の関係のある個人及び法人
がその会社の発行済株式（その会社が有する又は出資自己の株式又は出資を
除く。）の総数又は総額の50/100を超える数又は金額の株式又は出資を有する
場合その他政令で定める場合におけるその会社をいう。

参考条文等

① 　法人税法２条14号

② 　租税特別措置法35条

③ 　法人税法施行令４条

④ 　租税特別措置法施行令20条の３

⑤ 　租税特別措置法施行令23条

⑥ 　租税特別措置法通達31の３-25

⑦ 　医療法48条の４《社員の議決権》

> 社員は、各一個の議決権を有する。
> 　２　社員総会に出席しない社員は、書面で、又は代理人によつて
> 　　議決をすることができる。ただし、定款に別段の定めがある
> 　　場合は、この限りでない。
> 　３　社団たる医療法人と特定の社員との関係について議決をする
> 　　場合には、その社員は、議決権を有しない。

2 保証債務の特例（所得税法64条2項）

事例

甲は、甲が代表取締役をしているA株式会社（以下「A社」という。）の債務について、次のような①及び②の取引を行った。

① A社は自社振出しの小切手を担保としてK社から借入をする際に、A社の返済能力が十分でなかったために、甲が所有する土地に、債権者をK社、債務者を甲とする抵当権（抵当権設定金銭消費貸借契約）を設定（締結）した。

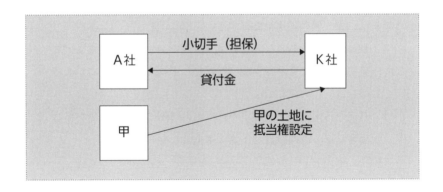

② A社のM信用金庫からの手形借入れに際して、甲及び乙（A社の株主）の2人が共同保証人となった。

Ⅲ 譲渡所得税

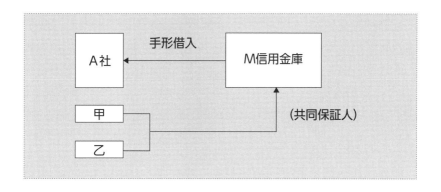

　A社は、その後、倒産したために、甲は、自己所有の土地を譲渡して、上記の借入金を支払った。なお、②の共同保証人である乙は、土地を保有しているが、根抵当権が設定され、競売開始決定に基づく差押えがされている状態で、又、乙自身、債務超過の状態が著しいと認められる。

　甲の土地の譲渡所得について、所得税法64条2項の「保証債務の特例」を受けることができるか。

回答

　①は、甲がA社の債務を担保することを目的として、K社との間で、K社を債権者、甲を債務者兼抵当権設定者とする契約を締結し、K社はこの債権を保全するために、甲の所有する土地に、当該契約に基づく抵当権を設定したものである。したがって、K社が、甲社振出しの小切手を担保とする融資について、甲に保証を求め、甲はその要請に応じて、甲の土地に抵当権を設定し、A社の債務について物上保証したのであるから、甲は、保証債務の特例を受けることができる。

②は、甲と乙は、共同保証人であるが、乙については、「債務超過の状態が著しい」ことから、甲の乙に対する求償権の行使は困難であることから、甲は、全額、保証債務の特例を受けることができる。

コメント

所得税法64条２項は、「保証債務を履行するため資産（第33条第２項第１号（譲渡所得に含まれない所得）の規定に該当するものを除く。）の譲渡（同条第１項に規定する政令で定める行為を含む。）があった場合において、その履行に伴う求償権の全部又は一部を行使することができないこととなったときは、その行使することができないこととなった金額（不動産所得の金額、事業所得の金額又は山林所得の金額の計算上必要経費に算入される金額を除く。）を前項に規定する回収することができないこととなった金額とみなして、同項の規定を適用する。」と規定している。この規定は、保証債務を履行するために資産を譲渡した場合において、その履行に伴う求償権の行使が不能となったときは、その求償権の行使が不能となった部分の金額を、資産の譲渡代金の回収不能等の金額とみなして、その金額に対応する部分の所得はなかったものとみなすものである。

本件の①については、甲自身を「債務者」として抵当権を設定していることから、そのことをもって、保証債務の特例の適用に疑義があるかもしれない。しかし、甲が、Ａ社の借入に対し物上保証をし、本件譲渡前に保証債務の履行義務が確定し、履行しなければならない状態にあること、本件譲渡が保証債務の履行のために行われ

ること、そして、本件の譲渡代金がA社の当該債務の返済に充てられるということであれば、甲は、保証債務の特例を受けることはできる。また、②については、甲は乙と共同保証人であることから、原則的には、「共同保証人の1人が弁済など免責行為をなした場合には、他の共同保証人に対して求償権を有する（民465）」となる。

　したがって、甲が主たる債務者の債務（M信用金庫の手形借入）を弁済した場合には、共同相続人の乙に対して本来求償権を有するのであるが、乙は「債務超過の状態が著しい」ことから、甲の乙に対する求償権の行使が不可能であるならば、甲は、保証債務の特例を受けることはできる。

参考条文等

① 　民法465条《共同保証人間の求償権》

② 　所得税法64条2項

③ 　さいたま地裁平成16.4.14判決

> 　所得税法64条2項の適用を受けるためには、実体的要件として、納税者が債権者に対して債務者の債務を保証したこと、同保証債務を履行するために資産を譲渡したこと、保証債務を履行したこと、同履行に伴う求償権の全部又は一部を行使することができないこととなったことが必要であり、それ以上に①債権者の請求があったことや②主債務の期限到来、③やむにやまれぬ資産譲渡などの要件の充足が要求されているとは解し得ない。

④ 札幌高裁平成6.1.27判決（趣旨）

　所得税法64条2項は、保証債務を履行するための資産の譲渡があった場合において、その履行に伴う求償権の全部又は一部を行使することができなくなったときは、その行使不能となった金額に対応する部分の金額は、その所得の金額の計算上、なかったものとみなす旨規定しているところ、その趣旨は、通常、保証人は保証債務を履行することとなっても、主債務者に対して求償権を行使することにより最終的負担を免れうるとの見通しのもとに保証契約を締結するものであるが、保証債務履行のため資産を譲渡しても、これに反して求償権を行使できなかったときには、その限度で資産譲渡に係る所得に対する課税を差し控えようとするものであること、したがって、保証人が保証契約締結時に、既に主債務者に対して求償権を行使することが不可能であることを確実に認識していたときには、その実質は主債務者に対し一方的に利益を供与するものにほかならないから、右趣旨からして所得税法64条2項を適用すべき場合に該当しないというべきである。

III 譲渡所得税

3 借地権の無償返還とその譲渡

事例

　甲と乙は、次のように、借地権者と地主の関係にある。甲は、この建物を店舗（肉屋）として利用していたのであるが、高齢のためすでに1年前に廃業していた。そこで甲は、空き家の状態が1年ほど続いていることから、地主である乙に無償で返還することを決めた。ただ、建物については、朽廃していることから、安全性の観点から、建物を直ちに取り壊すことが必要となったため、その取壊費用200万円について、乙の負担で、業者に依頼することとした。

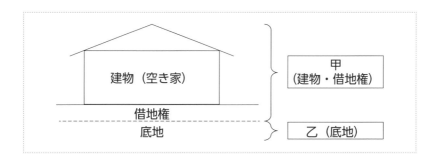

　乙は、甲から返還を受けた借地権の土地を、更地にしてから、ただちに第三者に譲渡をした。この場合、乙の課税関係はどのようになるか。なお、甲と乙は他人である。

回答

　乙が甲から借地権を無償で取得したとしても、当該建物が朽廃して、利用できない状態の建物であるならば、借地権の消滅に該当することから、乙は、借地権を取得したことにはならない。したがって、乙が、建物を取り壊し、更地にしてから、当該土地を譲渡した場合には、「長期譲渡所得」になる。なお、仮に、本件建物が朽廃していない場合（借地権が消滅していない場合）には、借地権の無償返還は、借地権の贈与（贈与税の対象）になるが、この場合、所得税法60条1項1号によって、贈与者の取得時期及び取得価額を受贈者が引き継ぐことから、乙の更地とした土地の譲渡は「長期譲渡所得」になる。

コメント

　借地権の無償譲渡等について、次のケースにおいては、贈与の認定を行わないと規定している（法基通13-1-14）。

① 借地権の設定等に係る契約書において将来借地を、無償で返還することが定められていること又はその土地の使用が使用貸借契約によるものであること

② 土地の使用目的が、単に物品置場、駐車場等として土地を更地のまま使用し、又は仮営業所、仮店舗等の簡易な建物の敷地として使用するものであること

③ 借地上の建物が著しく老朽化したことその他これに類する事由により、借地権が消滅し、又はこれを存続させることが困難であると認められる事由が生じたこと

　本件については、上記の③に該当すると考えられるが、その具体

166

的な例として、「経済環境の変化等により、従前の借地上の建物を
そのまま利用することが経済的に困難となり、仮に他に転用すると
すれば、相当の改造、改修その他の資本支出をしなければならない
状況において、このような再投資をしても、さらに営業を継続する
ことについて採算の見通しが全く立たないため、やむを得ず借地契
約を解消するというような事例」(「法人税基本通達逐条解説（五訂版）」
窪田 悟嗣著（税務研究会出版局）1174～1175頁より引用）がある。そうす
ると、乙は借地権の消滅によって、更地評価の土地を得ることにな
るが、当該土地を譲渡したとしても、借地権の取得ではないから、
当該土地の譲渡については、すべて長期譲渡所得になる。また、借
地権が消滅していない場合、借地権の贈与（贈与税の課税）に該当
するものの、当該土地を譲渡したとしても、贈与による取得である
から、長期譲渡所得になる。

　なお、借地権の消滅が認められた事例として、「本件借地上の建
物は、…仮設建物ではなく、かつ、借地契約の当時、同地域には、
借地権取引の慣行があつたので、請求人は、借地権を取得していた
と認められる。しかしながら、本件土地の所有者と請求人との借地
契約には借地期間の定めがなく、また、当該建物は無人のまま放置
されており、老朽化していたと認められるので、借地期間の定めの
ない当該借地権は、建物の朽廃により消滅したとするのが相当であ
る。」(昭48.8.8裁決）がある。

参考条文等

　①　所得税法60条1項

167

② 法人税基本通達13-1-14

③ 昭和48.8.8裁決

借地権の存続期間の定めのない工場建物について、代替の土地及び工場を取得して設備をその場所に移した後は、建物の補修もされないまま雨漏りしており、工場を閉鎖した後は無人となって老朽化がすすみ、主要部分の破損や腐蝕により全く廃屋同様の状態になったことが認められるから、この建物は、取りこわす以前に朽廃するに至ったものと推認することができ、これに伴い借地権は消滅したものと認めることができる。

III 譲渡所得税

4 **限定承認とみなし譲渡の法定納期限**

事例

甲は平成22年11月8日に死亡した。甲の相続人乙らは、甲が多額の債務を有していることを知っていたので、限定承認をすることを決定し、家庭裁判所に限定承認をする旨の申述をした。

この場合、相続人乙らの、限定承認による「みなし譲渡所得（所法59①一）」の申告期限はいつになるのか。すなわち、準確定申告の期限は相続人が相続開始があったことを知った日の翌日から4か月を経過した日の前日なのか、又は、所得税法59条1項1号の生じる事由は、限定承認の申述受理の審判の告知の時（大審院昭9.1.16決定（民集13巻1号20頁））であるから、申告期限の起算点はその告知のあった日の翌日からになるのか。

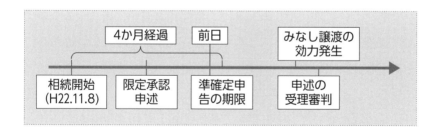

回答

相続税の限定承認にかかるみなし譲渡所得に対する所得税の申告

期限は、相続人が相続開始があったことを知った日の翌日から4か月を経過した日の前日となる。

◀コメント▶

　限定承認とは、民法上の概念・用語の一つであり、相続人が遺産を相続するときに相続財産を責任の限度として相続することをいう。相続財産をもって負債を弁済した後、余りが出ればそれを相続できる。一般に、相続財産を超える債務を相続したくないときに使われる。なお、相続人であることを本人が知った日より3か月以内（注：限定承認の効力は、家庭裁判所の申述の受理審判によって発生する）に限定承認又は相続放棄のどちらかを選択しなかった相続人は（家庭裁判所に期間の伸長を申し出なければ）、単純承認とみなされる（民915①、921二）。限定承認は、相続人が数人あるときは、共同相続人の全員が共同してのみこれをすることができるとされている（民923）。さらに、民法915条1項の期間内に、相続財産の目録を作成して家庭裁判所に提出し、限定承認する旨を申述しなければならない（民924）。

　これに対して、所得税法59条1号では、限定承認によって相続した資産については、相続のときに、相続時の価額に相当する金額により譲渡があったものとみなして、相続人が被相続人の譲渡所得税を納めなければならない。すなわち、限定承認をすると、被相続人に対して、すべての財産を時価で売却し収入があったとみなし、その財産の取得費などを差し引いた所得に対して所得税がかかることになる。これは、限定承認をした相続人の負担を軽減するために、被相続人の保有していたキャピタルゲインを相続時に精算してしまうのである。例えば、取得費が1,000万円で、時価が4,000万円の土

地建物が相続財産に含まれている上で、限定承認を行ったとする。この場合、被相続人の譲渡所得は3,000万円として、相続人が計算し、申告をすることになる。なお、単純承認の場合は現実に売却等の処分をしなければ譲渡所得税を納める必要はない。これに対して、限定承認の場合は、現実に売却しなくても、売却した場合と同様に譲渡所得税を納める必要がある。ただし、上記の譲渡所得税は、相続財産の限度で支払えばよい。また、それを相続した相続人が、その後、譲渡した場合には、被相続人の取得価額は引き継がない（所法60①一）。

申告期限については、所得税法59条1項の「その事由」は、「次に掲げる事由」を指し、さらに、「次に掲げる事由」は、「相続」を指すものであって、「限定承認」を指すものではないと解釈することができる。さらに、準確定申告の申告期限は、相続人が相続開始のあったことを知った日の翌日から4か月を経過した日の前日と定められているのであるから、みなし譲渡所得に対する所得税の申告期限も同日となると解される。

参考条文等

① 民法915条《相続の承認又は放棄をすべき期間》
② 民法921条《法定単純承認》
③ 民法923条《共同相続人の限定承認》
④ 民法924条《限定承認の方式》
⑤ 所得税法59条1項1号
⑥ 所得税法60条1項1号
⑦ 大審院昭和9.1.16決定

5 宗教法人に対する不動産の換価代金の遺贈

事例

被相続人甲は、生前、乙（宗教法人）に対して、自宅の不動産を遺贈したい旨を伝えたところ、乙は、現金であるならば、遺贈を受けてもよいが、不動産は要らないとの回答をした。そこで、甲は、遺言執行者が自宅を譲渡し、それに伴う費用（仲介手数料、税金等）を控除した残金を乙に遺贈する旨の遺言書を作成した。

その後、甲が死亡し、乙は、遺言に従って、現金を取得した。相続税の基礎控除額は、6,000万円（3,000万円＋600万円×5人（相続人））で、遺産総額から債務等を控除した金額がこれに満たなかったので、相続税は発生しなかった。

乙は、遺言によって、現金を取得したのであるが、この場合、甲に対して、所得税法59条1項（みなし譲渡課税）が適用されるのか。

回答

所得税法59条1項は、「譲渡所得の基因となる資産の移転」と記載されていることから、「現金」そのものは文言上これに該当しないことになる。しかしながら、遺言の内容は、自宅を譲渡し、それに伴う諸費用を控除した残金を乙に遺贈する旨の甲の意思であるから、遺言者である被相続人甲が宗教法人乙に遺贈したものとして、

III 譲渡所得税

所得税法59条1項（みなし譲渡課税）が適用される。

> **コメント**

本件については、以下の①から③の課税の考え方がある。

まず考え方①としては、遺言執行者は、相続人の代理人（民1015）であるから、遺言執行者が行った行為は、相続人に帰属する。そうすると、本件不動産は、相続人によって処分され、その処分残金が相続人から乙に寄附されたということになる。したがって、この考え方に基づくと、相続人が納税義務者となり、譲渡所得の申告をしなければならないことになる。しかし、相続人は、被相続人の意思が反映されている当該処分行為に何ら関与しておらず、また譲渡に伴う金員についても取得していないので、納税義務者とするのは妥当ではない。

【考え方①】

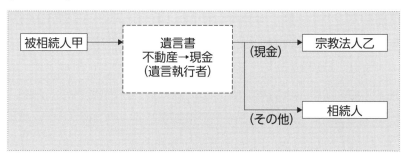

考え方②としては、遺贈の相手方（受遺者）が、「個人」の場合には、当該個人が自分で処分して、現金を得たものと考え、また、「法人」の場合には、遺贈者が法人に遺贈したものとして、遺言者

に対して所得税法59条1項（みなし譲渡課税）を適用すべきであるというものである。

したがって、考え方②は、受遺者によって、課税（納税義務者）が異なるということになる。受遺者が「個人」の場合、当該受遺者が譲渡所得の納税義務者と考えるのは、実質的な課税を前提としている。すなわち、受遺者が不動産を取得し、それを処分することと実質的に同一の経済効果が生じることから、「個人」を譲渡所得の納税義務者とするのである。

【考え方②】

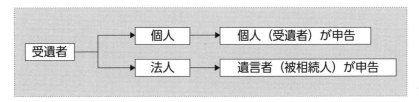

考え方③としては、遺言書は遺言者（被相続人）の意思を反映するもので、それに基づいて、遺言執行者が処分するのであるから、譲渡者は、「被相続人」と考えるのが相当であり、したがって、結果として、所得税法59条1項が適用されるのが妥当である。ただ、この考え方は、前述したように、所得税法59条1項の文言である「譲渡所得の基因となる資産の移転」をそのまま解釈すると、当然のことながら、次図のように、法人が取得した「現金」は該当しないことになるという問題が残る。

【考え方③】

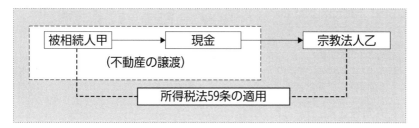

参考条文等

① 民法1015条《遺言執行者の地位》
② 所得税法59条1項

6 合名会社の無限責任社員と保証債務

事例

甲合名会社（以下「甲」という）の無限責任社員であるAは、甲の乙銀行からの債務1億円の返済をするために、A所有の土地を1億円で譲渡し、乙銀行に返済した。甲の貸借対照表は、次のとおり「債務超過」であるが、負債の部に計上されている退職給与引当金1億円は、AとAの妻（無限責任社員）に支給されるものである。この退職引当金は、任意に積み立てられたもので、合理的な計算根拠はない。

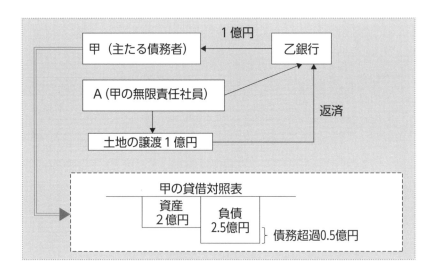

Ⅲ　譲渡所得税

　また、甲の属している業界は、一般的に不況で、甲の債務を完済することは困難であるため、近日中に甲は清算する予定である。この場合、Aの譲渡した土地について、所得税法64条2項（保証債務の履行にともなう課税の特例）を適用することができるか。

回答

　甲の貸借対照表の負債2.5億円の中に、A及びAの妻の退職給与引当金1億円が含まれており、当該引当金は、「債務超過」の判定をする際には、考慮すべきではない。したがって、甲は、Aが土地を譲渡したときには、債務超過でないので、所得税法64条2項を適用することはできない。

コメント

　保証債務を履行するために資産の譲渡を行った場合において、その履行に伴う求償権の全部又は一部を行使することができないときは、その行使できなかった金額はなかったものとみなされ、課税の対象にはならない。この所得税法64条2項の趣旨は、本来自分の債務でないものを、他の者に対して保証をしたことによって生じた債務を弁済するための資産譲渡であるから、担税力（債務＝譲渡代金）の側面からも、当該譲渡資産については、キャピタルゲインの課税をしないというものなのである。

　この規定は、直接には「保証債務を履行するため」に資産の譲渡があった場合の所得計算の特例を規定したもので、合名会社又は合資会社の無限責任社員が会社の債務を履行した場合も、債務の履行を余儀なくされ、その結果、求償権を取得するという点において

177

は、保証人が保証債務を履行した場合と同様である。

　したがって、所得税基本通達64-4（保証債務の履行の範囲）において、「…次の掲げる場合も、その債務の履行等に伴う求償権を生ずることとなるときは…」該当するとして、「合名会社又は合資会社の無限責任社員による会社の債務の履行があった場合」が示されている。

　次に、合名会社の無限責任社員が会社の債務を弁済すべき責任は、会社が債務超過の状態にあり、会社債務の完済が不能であるときに初めて生ずるものであると一般的に解されることから、合名会社の無限責任社員が保証債務の履行の特例の適用を受けるためには、資産の譲渡時に会社が債務超過となっているか、あるいは債務超過になることが確実に予想されることのほかに、無限責任社員が会社の債務を履行した時点においても、当該会社が債務超過であったことを要する。

　本事例の甲の貸借対照表は、0.5億円の債務超過ではあるが、その負債の中に、A及びAの妻の退職給与引当金1億円が含まれている。この退職給与引当金は、任意に積み立てられたもので、合理的な計算根拠はないのであるから、本来の負債として、認めることはできない。本件退職給与引当金が甲の負担すべき債務でないとすれば、甲は、本件債務の支払がされた当時、債務超過であったとはいえず、その無限責任社員であるAには、甲の債務を履行すべき責任は生じていなかったことになるから、所得税法64条2項の特例の適用を受けることができない。

Ⅲ 譲渡所得税

参考条文等

① 所得税法64条2項

② 所得税基本通達64-4

7 遺留分減殺請求と価額弁償

事例

被相続人甲の相続人は、乙（長男）と丙（次男）であるが、甲は、すべての財産を乙に遺贈する遺言書を残して、亡くなった。甲の財産は主として土地である。乙は、遺言に基づいて相続税の申告をした。その後、丙は、遺留分減殺請求を行った。乙は、丙の遺留分減殺請求に対して、土地の現物返還ではなく、価額弁償（民1041）をすることにした。

この場合、価額弁償を受けることによって、丙に譲渡所得が発生するか。

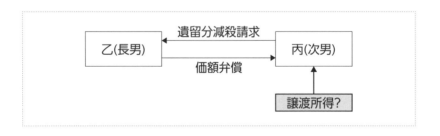

回答

最高裁（平4.11.16判決）の考え方を敷衍すると、価額弁償により受遺者（乙）への帰属の事実に変動はないとし、価額弁償により当該土地は当初から受遺者に帰属していたとして、丙に譲渡所得は

Ⅲ 譲渡所得税

発生しない。なお、同最高裁の事件では、受遺者は法人である。

《コメント》

　民法1031条は、遺留分権利者が遺留分を保全するために被相続人による遺贈や贈与の減殺を請求できることを定めている。すなわち、「遺留分権利者及びその承継人は、遺留分を保全するのに必要な限度で、遺贈及び前条に規定する贈与の減殺を請求することができる」と規定している。また、受贈者・受遺者は、減殺を受けるべき限度において、贈与又は遺贈の目的の価額を遺留分権利者に弁償して返還の義務を免れることができる（民1041①）。

　この遺留分減殺請求権については、その法的性質について、次の各説がある。

①　形成権＝物権的効力説（遺留分減殺請求権の行使により遺留分侵害行為の効力は消滅し、目的物上の権利は当然に遺留分権利者に遡及的に復帰する）

②　形成権＝債権的効力説（遺留分減殺請求権の効力を遺留分侵害行為の効力を消滅させるという点においては、形成権＝物権的効力説と同じであるが、物権的効力説とは異なり、遺留分侵害行為の目的物上の権利は、当然には遺留分権利者に復帰しない）

③　請求権説（形成権説のように遺留分減殺請求権行使によって、遺留分侵害行為の効力が消滅するのではなく、遺留分権利者は受遺者等に対して一定の給付を求めうる請求権を取得する）

　通説・判例は、①の形成権＝物権的効力説を採用しており、この

181

説を採ると、丙の減殺請求によって、目的物の遺留分を侵害する部分（持分）は当然に、丙に帰属し、ついで乙が価額弁償を選択したことによって、目的物が遺留分侵害者乙に復帰することになる。このような考え方に基づく課税のあり方は、丙が遺留分減殺請求権を行使した段階で、当該遺留分に係る財産の取得について、丙に相続税が発生し、さらに価額弁償によって、当該遺留分にかかる当該土地を乙に有償で譲渡したということになるから、丙には譲渡所得が発生することになる。

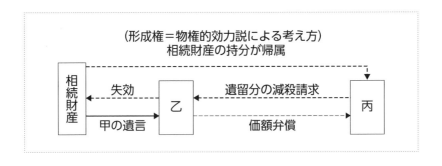

　上記の図では、遺留分減殺請求権の行使によって、目的物の遺留分を侵害する部分（持分）が当然に、遺留分権利者（丙）に帰属し、ついで、受遺者（乙）が価額弁償を選択することによって、目的物が受遺者（乙）に復帰する。この場合、乙の復帰は、「相続」によるものではなく、「売買」によって取得するものと解される。

　したがって、丙には、譲渡所得が発生することになる。しかしながら、前述の最高裁は、「受遺者（法人）が価額弁償を選択し、実際に弁償した場合には、当該目的物は受遺者に帰属していたという事実には何らの変動も生じない」と判断していることから、丙に譲

Ⅲ 譲渡所得税

渡所得は発生しないことになる。

参考条文等

① 民法1031条《遺贈又は贈与の減殺請求》
② 民法1041条1項《遺留分権利者に対する価額による弁償》
③ 所得税法59条1項1号
④ 最高裁平成4.11.16判決

【法人が遺留分減殺請求に対し価額弁償をした場合の譲渡所得税
の帰趨】

　Xらは、遺贈はX1外の遺留分減殺請求により遺留分の限度で
効力を失って遺留分権利者が遺留分に相当する土地の持分を相続
により取得し、K荘はこれを価額弁償によって買い受けたもので
遺贈により被相続人PからK荘に移転したのは残余の持分だけで
あると主張するが、譲渡所得においては、その資産の所有者に帰
属する増加益を課税の対象とし、資産が所有者の支配を離れる都
度それまでに生じた増加益を精算して課税するというものである
ところ、所得税法59条《贈与等の場合の譲渡所得等の特例》1項
1号は、法人に対する資産の遺贈があった場合には、その者の譲
渡所得の金額の計算については、その事由が生じた時に、その時
における価額に相当する金額により資産の譲渡があったものとみ
なす旨規定しているので、その遺贈によりPからK荘に対して土
地の譲渡があったものとして譲渡所得税を課することになり、そ
して、遺贈に対する遺留分減殺請求については、K荘は土地の一
部を返還することによりこれに応じたわけではなく、価額弁償に
よってこれを免れたのであるから、結局、遺留分減殺請求によっ

183

ても遺贈により土地がPからK荘に譲渡された事実には何ら変動はなく、遺贈による土地に係るPの譲渡所得には影響がないというべきであるとした原審の判断は相当として是認することができる。

　（注）　なお、味村裁判官の反対意見がある。

8 負担付遺贈の土地の譲渡

事例

　甲は、公正証書遺言で、甲の友人乙にＡ土地（時価5,000万円、相続税評価額4,000万円）を遺贈した。ただし、これは、甲の孫である丙の債務2,000万円を引き受けるという条件が付された負担付遺贈であった。Ａ土地は甲が30年前に1,000万円で取得したものである。

　乙及び丙の課税関係が生じる相続財産はいくらか。また、その後、乙が当該Ａ土地を5,000万円で譲渡した場合、譲渡所得金額はいくらになるか。

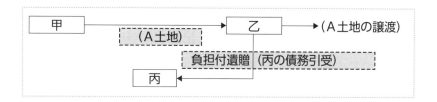

回答

　乙は、Ａ土地の相続税評価額4,000万円から債務の引受金額2,000万円を控除した2,000万円の相続税の課税関係が生じ、丙は債務を引き継いでもらった経済的利益2,000万円の相続税の課税関係が生じる。また、乙がＡ土地を時価（5,000万円）で譲渡した場合、遺

贈により甲の取得価額を引き継ぐことから、4,000万円（5,000万円－1,000万円）が譲渡所得金額になる。

> コメント

　遺贈には、「包括遺贈」（遺産の全部または一部を割合をもって対象とする場合）「特定遺贈」（具体的な特定財産を対象とする場合）及び「負担付遺贈」（遺贈者が受遺者に対して一定の義務を負担することを求める場合）がある。

　負担付遺贈については、受遺者は遺贈の目的の価値を超えない限度においてのみ、負担した義務を履行しなければならない（民1002①）し、また、受遺者が遺贈を放棄すれば、負担の利益を受けるべき者は自ら受遺者になれるが、遺言者が遺言で別段の意思表示をしたときはそれに従う（民1002②）と規定している。

　本件について、乙は、甲からＡ土地を遺贈され、同時に、丙の債務を引き受ける義務を負担させられたのである。したがって、乙は、Ａ土地の相続税評価額である4,000万円から引き受けた債務2,000万円が遺贈財産として課税されることになる。また、丙は、2,000万円の債務の減少（経済的利益）を遺贈によって得たので、2,000万円が乙の取得した遺贈財産として課税されることになる。

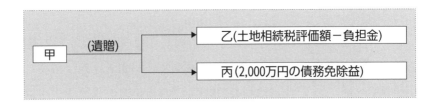

Ⅲ 譲渡所得税

　次に、乙がＡ土地を譲渡した場合、Ａ土地の取得価額はいくらに
なるのかであるが、乙は、甲から遺贈によってこれを取得している
ことから、甲の取得価額1,000万円を引き継ぐことになる（所法60
①一）。本件については、甲に譲渡所得が発生していないので、甲
のＡ土地の取得価額を引き継ぎ、4,000万円の譲渡所得が発生する
ことになる。

　譲渡所得の基因となる資産の移転を目的とする「負担付遺贈」に
係る負担の利益が被相続人（遺贈者）以外の第三者に帰属する場合
には、その第三者（丙）に帰属する利益は、被相続人（甲）が受遺
者（乙）に移転した資産の譲渡の対価ではないことから、甲の譲渡
所得の収入金額に算入されない。したがって、丙に帰属する利益
は、乙の取得価額にもならない。

参考条文等

①　民法1002条《負担付遺贈》

②　所得税法60条

187

IV

財産評価

1 定款変更と出資持分の評価

事例

　持分の定めのある社団法人たる甲医療法人は、次のように定款を変更した。すなわち、①退社社員は退社時の甲医療法人の「運用財産」をその出資額に応じて払戻しを請求することができるものとすること、②甲医療法人が解散した場合には、「基本財産」は、国又は地方公共団体に帰属させ、「運用財産」は、出資額に応じて社員に分配すること、である。

　なお、「基本財産」と「運用財産」については、財産目録、会計帳簿等によって明確に区分され、また、各資産等は区分どおりにそれぞれ管理されている。この定款変更後、A及びBに甲医療法人の増資に係る出資口を割り当てたが、その際に、「運用財産」をベースとして1口当たり5万円の評価を行い、5万円でA及びBにそれぞれ払い込みをさせることとした。しかしながら、「基本財産」をも評価の対象（財産評価通達194-2）とした場合には、1口当たり

Ⅳ 財産評価

685万円となり、そうすると、A及びBに対しては、相続税法9条の「みなし贈与」の規定が適用されることになるのか。

回答

甲医療法人の出資1口当たりの評価額は、新しい定款に基づいて評価されるのが妥当である（東京高裁平成20.3.27判決）。ただし、最高裁平成22.7.16判決は、このような定款は、変更が不可能になるものではない（租税回避に使用される）から、基本財産を含めたところで、評価（685万円）すべきであるとしている。

コメント

相続税法22条は、相続、遺贈又は贈与によって取得した財産の価額は、時価による評価を行うとし、その時価とは一般的に「客観的な交換価値」といわれている。本件における甲医療法人は、新定款において、社員は、退社した場合に甲医療法人の「運用財産」についてその出資額に応じて払戻しを請求できるとし、また、甲医療法人が解散した場合には、残余財産のうち「運用財産」についてその出資額に応じて分配を受けることができる（「基本財産」は国又は地方公共団体に帰属する）のであるから、そのような内容の定款を前提として、甲医療法人の出資金額の評価を行わなければならない。それが相続税法22条にいう「時価」の意味である。そして、新定款の内容（払戻しを「運用資産」に限定するということ）が将来において変更される可能が潜在的に存在するからといって、課税時期にそのような変更される可能性のある将来のことを考慮して、課税時期の状況と異なる評価を行うことは妥当ではない。また、財産

191

評価通達194-2に示されている「医療法人の出資の評価」に基づくと、1口当たりの評価額が685万円になったとしても、甲医療法人における新定款の内容を鑑みると、そのまま同評価通達を適用することは本件において妥当ではなく、新定款を前提としたところの評価額（5万円）が、「客観的な交換価値」といえる。

　さらに、社団たる医療法人で出資持分の定めのあるものが定款を変更して「基本財産」と「運用財産」とを区分することとしたことが租税回避に当たるとしても、相続税法64条《同族会社等の行為又は計算の否認等》1項に該当する場合（もっとも、医療法人に対しては、「会社」に該当しないから同条の適用がないとの見解もある）は別として、根拠となる否認規定が存在しないのに、財産評価通達による評価を一律に適用することにより同様の結果を達成することはとうてい認められない。

　したがって、甲医療法人の1口当たりの評価額5万円を「客観的な交換価値」とみることが妥当であるから、A及びBには、相続税法9条は適用されない。

　しかしながら、前述の最高裁では、定款の再度変更を禁止する定めがないことから定款の変更が不可能でないこと、また、基本財産と運用財産の範囲に係る定めは変更禁止の対象とされていないから、運用財産の範囲が固定的であるともいえないことを理由として、評価通達194-2の定める方法で評価すべきであると判断している。

Ⅳ 財産評価

参考条文等

① 相続税法9条

② 相続税法22条

③ 財産評価基本通達194-2

④ 横浜地裁平成18.2.22判決（課税庁勝訴）

⑤ 東京高裁平成20.3.27判決（納税者勝訴）

> 仮に社団たる医療法人で出資持分の定めのあるものが定款を変更して基本財産と運用財産とを区分することとしたことが租税回避に当たるとしても、相続税法64条1項に該当する場合は別として、課税庁が、根拠となる否認規定が存在しないのに、財産評価基本通達による評価を一律に適用することにより同様の結果を達成することは許されないものというべきである。

⑥ 最高裁平成22.7.16判決（課税庁勝訴）

> 医療法人A会は、退社時の払戻しや残余財産分配の対象となる財産を財産全体としていたものを変更し、新定款において、上記の対象となる財産を運用財産に限定したものであり、そして、新定款には、上記払戻し等に係る定めの変更を禁止する旨の条項があるが、社団法人の性格にかんがみると、法令において定款の再度変更を禁止する定めがない中では、このような条項があるからといって、法的に当該変更が不可能になるものでない。また、基本財産と運用財産の範囲に係る定めは変更禁止の対象とされていないから、運用財産の範囲が固定的であるともいえない。そうすると、本件においては、本件増資時における定款の定めに基づく出資の権利内容がその後変動しないと客観的に認めるだけの事情

はない。含む財産全体を基礎として同通達の定める類似業種比準方式により評価することには合理性がある。

【古田裁判官の補足意見】

　持分権者が何らかの事情により脱退して払戻しを受ける場合に、定款において払戻しを受けることができる資産が制限されているときはその制限を超えて払戻しを受けることができないことは明らかである。このような場合、持分取得の時点で全資産をもって持分価額評価の基礎として課税がされれば、持分権者が持分の処分により実際に取得できる利益からみて不相応に高額の課税がされた結果になる可能性がある。その観点からすれば、持株数に応じた資産に対する権利が当然の前提となる会社と同様に全資産を評価の基礎とする評価方法が本件のような法人について妥当するかは疑問があり、定款変更の可能性があるということをもってただちにその合理性を認めることには困難があるように思われるのである。

Ⅳ 財産評価

2 匿名組合契約による最終分配金と非経常的利益

事例

　甲株式会社（以下「甲社」という。）は、財産評価基本通達に規定する「類似業種比準方式」を適用する「大会社」であるが、今回、甲社の社長Aは、Aの子供B及びCに対して甲社の株式をそれぞれ1万株ずつ贈与した。甲社株式の評価額については、上記通達の「類似業種比準方式」に基づいて評価した。ところで、甲社は、12年前に「匿名組合契約」を結び、同契約（匿名組合員）に基づき損益の分配を継続して受けていた。この匿名契約は、一般的に、「レバレッジド・リース」といわれるもので、同匿名組合契約では、航空機がリース物件の対象となっていた。そして、株式評価の対象となる事業年度に、匿名組合契約に基づく最終分配金（航空機の売却益）を受領した。当該「最終分配金」は、類似業種比準価額

【類似業種比準方式】

$$\text{類似業種の株価} \times \frac{(b/B + c/C \times 3 + d/D)}{5}$$

　上記の数値に0.7（大会社）0.6（中会社）0.5（小会社）を乗じる。

　b，c，d　→　評価会社の「配当金額」「年利益金額」「純資産価額」
　B，C，D　→　類似業種の「配当金額」「年利益金額」「純資産価額」

195

の計算における評価会社の1株当たりの年利益金額の算出に当たって、「非経常的利益」として、除くことができるか。

回答

匿名組合契約に基づく最終分配金（航空機の売却益）は、次の理由により、経常的な損益であり、「非経常的利益」には該当しない。

① 匿名組合員には、営業者の事業から生じた各営業年度の最終的な利益又は損失が分配されるのみで、匿名組合契約の法的性格上、事業内容（航空機の売却益）を認識することはありえない（航空機売却の認識の遮断性）

② 分配金は、匿名組合契約が継続する限り毎期継続して発生する（臨時偶発性の否定）

③ 本件の事業は、航空機リース事業であるが、当該事業は、リース物件の所有、賃貸及び売却が一体となった事業である（事業の一体性）

④ 航空機の売却は契約当初から予定されていたもので、臨時的偶発的なものではない（想定内の出来事）

コメント

類似業種比準方式は、評価会社の「配当」、「利益」及び「純資産」の各要素を評価会社と事業内容が類似する上場会社の当該各要素の平均値と比較し、当該上場会社の株価の平均値に比準して評価会社の1株当たりの価額を算定する方法である。そして、評価通達183の（2）は、類似業種比準価額を算出する際の「1株当たりの年利益金額」について、直前期末以前1年間における法人税の課税

所得金額（固定資産売却益、保険差益等の非経常的な利益の金額を除く。）に、その所得の計算上益金に算入されなかった利益の配当等の金額及び損金に算入された繰越欠損金の控除額を加算した金額を基にする旨定めている。

本件の問題点は、匿名組合契約に基づく「最終分配金」が上記通達の「非経常的利益」に該当するか否かである。一般的に、ある利益が「経常的利益」か「非経常的利益」かの判断をするためには、評価会社の事業の内容、その利益の発生原因、その発生原因たる行為の反復継続性又は臨時偶発性等を考慮することが必要であるといわれているが、本件については、「匿名組合契約（12年間）」を1つの単位として認識し、それを前提として「臨時偶発性」を判断するのか、又は、その中の一部である事業年度のみを取り上げて、「臨時偶発性」の主張を許すか否かである。

確かに、最終分配金は、航空機の売却益によって生じたものであるから、ある意味では、株価にその金額を反映させることは、妥当でないという意見も出てくる。また、このような匿名組合の分配金を「非経常的な利益」として「利益」から除外しないと、恣意的な株価操作（租税回避）を許すことにもなる危険性がある。おそらく、本件における最終分配金について「非経常的利益」に該当するか否かの判断を「株価算定の本来の趣旨（又は、最終分配金そのものの性格）」から導くと、「非経常的利益」といえるのかもしれない。しかし、上記「結論」のところで示されている匿名組合契約の法的性格（航空機売却の認識の遮断性）、又は、匿名組合契約から生じる売却益の発生の予測性（当初から売却益が見込まれている）などを強調すれば、「最終分配金」は、「臨時的偶発的」なものでは

ないとの判断も可能なのである。

参考条文等

① 財産評価基本通達183（2）

> 「1株当たりの利益金額」は、直前期末以前1年間における法人税の課税所得金額（固定資産売却益、保険差益等の非経常的な利益の金額を除く。）に、その所得の計算上益金に算入されなかった剰余金の配当（資本金等の額の減少によるものを除く。）等の金額（所得税額に相当する金額を除く。）及び損金に算入された繰越欠損金の控除額を加算した金額（その金額が負数のときは、0とする。）を、直前期末における発行済株式数で除して計算した金額とする。ただし、納税義務者の選択により、直前期末以前2年間の各事業年度について、それぞれ法人税の課税所得金額を基とし上記に準じて計算した金額の合計額（その合計額が負数のときは、0とする。）の1/2に相当する金額を直前期末における発行済株式数で除して計算した金額とすることができる。

Ⅳ 財産評価

3 使用貸借とその敷地評価

事例

　Aは、甲土地を兄であるBから使用貸借により借り受けたが、その甲土地の上にアパートを建て、賃貸した（ケース1）。また、Aは3年前にAの父であるCの所有する建物（その敷地である乙土地の所有者はCのままである）の贈与を受けた。その建物は、Cがもともと他人Dに貸していたものであったが、贈与後、DとAは、賃貸借契約を解約し、新たに、当該建物について、賃貸借契約をEと締結した。なお、当該乙土地については、Cから無償で借り受けていた（ケース2）。

　このような状況下で、B及びCが死亡した場合、当該甲土地（ケース1）及び乙土地（ケース2）の評価は、どのようにするのか。

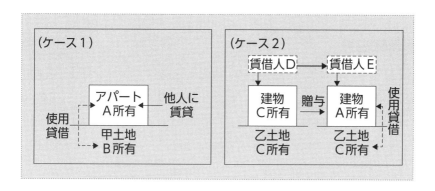

199

回答

　通常、使用貸借により借り受けた甲土地の上にアパートが建築され、その建物が賃貸借により貸し付けられている場合のその建物賃借人の敷地利用権は、建物所有者の敷地利用権から独立したものではなく、建物所有者の敷地利用権に従属し、その範囲内において行便されるにすぎないものであると解されている。したがって、ケース１の甲土地については、ＡとＢの間の使用貸借であるから、土地の使用貸借に係る使用権の評価をゼロとしている以上、建物賃借人の敷地利用権の評価もゼロとなり、Ｂ（被相続人）所有の甲土地は、「自用地評価」となる。

　ケース２の乙土地については、ＡがＣから建物の贈与を受け、当該建物については、ＣとＤの間で賃貸借契約があったが、その後、Ａは当該賃貸借契約を解約し、新たにＡがＥと賃貸借契約を締結したのであるから、旧建物賃借人Ｄが有していた敷地利用権は賃貸借契約を解約した時点で消滅し、乙土地については、ＡとＣの間で、土地の使用貸借していることから、その後、Ａが新たにＥと当該建物に係る賃貸借契約を締結しても、Ｃ（被相続人）所有の乙土地は「自用地評価」となる。

コメント

　「使用貸借に係る土地についての相続税及び贈与税の取扱い」（昭48.11直資２-189外２課共同）の「使用貸借に係る土地等を相続又は贈与により取得した場合」によれば、「使用貸借に係る土地又は借地権を相続（遺贈及び死因贈与を含む。以下同じ。）又は贈与（死因贈与を除く。以下同じ。）により取得した場合における相続税

Ⅳ　財産評価

又は贈与税の課税価格に算入すべき価額は、当該土地の上に存する建物等又は当該借地権の目的となっている土地の上に存する建物等の自用又は貸付けの区分にかかわらず、すべて当該土地又は借地権が自用のものであるとした場合の価額とする。」となっている。このような取扱いは、土地の使用借権は、その無償性に基因して借地借家法の保護規定の適用対象とならないこと及び使用貸借契約は契約当事者間の対人関係が重視され、貸主の死亡によりその契約が終了することとされている等、土地の賃貸借契約に比してその経済的な価値は非常に低いものであると考えられるためである（大阪地裁昭43.11.25判決参照）。

　なお、ケース２については、賃借人Ｄがそのまま継続して賃貸しているのであれば、土地の使用貸借が開始される前に賃貸人Ｃと賃借人Ｄとの賃貸借契約が締結されていることから、乙土地については「貸家建付地評価」となる。

参考条文等

① 「使用貸借に係る土地についての相続税及び贈与税の取扱い」（昭48.11直資２-189外２課共同）

② 大阪地裁昭和43.11.25判決

　　妻が夫から所有する土地を無償で借り受けて建物を建築してこれを他に賃貸している土地の使用関係を捉えて、借家権の保護を図るためにも地上権を認めるべきであると主張するが、使用貸借地上の建物を賃借した第三者の借家権に対する現在の実定法規の処遇ないし態度について全く問題がないわけではなく、借地権を

201

有する建物の賃借の場合に準じてその保護を厚くすべきものとする見解にも傾聴に値すべきものがあるが、Ｙの主張するごとく、かような借家権の保護のためにその基礎となる権利を地上権と認めるべきであるとするのは、実定法の規定を飛越した議論を展開するものという外はないものであり採用することはできない。

IV 財産評価

4 議決権制限種類株式の発行と事業承継

事例

　甲会社（普通株式1万株発行／会社の正味財産は9億円／Aが株式を100％所有）のオーナーA（65歳）には、長男B（甲会社の後継者）、長女C及び次女Dの3人の子供がいた。Aの財産は、ほとんど甲会社の株式で、遺留分等のこともあったので、同株式を子供に均等に相続させたいと考えていた。そこで、Aは、甲会社に、議決権制限種類株式を発行させるため、発行可能種類株式総数と議決権行使事項・条件を定款で定め（会社法108②三）、議決権制限種類株式（配当優先株式／無議決権株式）を2万株無償（株式無償割当て）で発行させ、Aが取得することとした。Aは、普通株式1万株を長男Bに、議決権制限種類株式2万株を、長女C及び次女Dに、それぞれ相続させる旨の遺言書を作成した。

　この場合、B、C及びDについて、それぞれ相続する株式（普通株式・議決権制限種類株式）の評価額は、同じ（各3億円）でよいか。

甲会社（正味財産9億円）		
長男B	長女C	次女D
普通株式1万株式	議決権制限種類株式 1万株式	議決権制限種類株式 1万株式
3億円	3億円	3億円

203

回答

　原則として、普通株式を相続するＢの普通株式と議決権制限種類株式を相続するＣ及びＤの株式評価額は、同一（各３億円）でよい。ただし、一定の要件の下で、議決権の有無によって、評価額について、５％の差を設けることも可能である。

コメント

　議決権制限種類株式とは、株主総会の全部又は一部の事項について議決権を行使することができない株式をいう（会社法108①三）。議決権制限種類株式は、配当等に期待し、議決権の行使に関心のないような株主のニーズに応えた制度である。本件については、Ａの子供Ｂ、Ｃ及びＤについて、後継者であるＢは、「議決権の行使に関心を有し」、Ｃ及びＤは、「配当に期待」していることから、それぞれの（将来の）株主のニーズに応じた相続を行うために、Ａは、議決権制限種類株式を発行した。そして、その発行については、「株式無償割当て」を行った。株式無償割当てとは、株主（種類株式発行会社にあっては、ある種類の種類株主）に対して新たに払込みをさせないで当該株式会社の株式の割当てをすることをいう（会社法185）。株式無償割当ての経済的実質は、「株式分割（会社法183）」と同様であるが、いくつかの違いがある。

　すなわち、次のとおりである。「①株式分割は法文上は「株式の発行」とは観念されないのに対して、株式無償割当ては新株が割り当てられる場合には「株式の発行」に含まれる、②株式分割においては同一種類の株式の数が増加するが、株式無償割当てにおいては、同一または異なる種類の株式が割り当てられる、③株式無償割

当てでは保有する自己株式を交付することができるが、株式分割ではそれはできない、④自己株式は株式分割の対象とはなるが、自己株式に株式無償割当てはできない、⑤株式分割では基準日の設定が義務づけられるが、株式無償割当てでは義務づけられない、⑥決定機関について株式無償割当てでは定款で別段の定めができるが、株式分割ではそのような規定は置かれていない。」（「会社法（第13版）」神田英樹著（弘文堂）117頁より引用）

　株式無償割当てによって、1万株から3万株に株式数は増加し、甲会社の正味財産9億円に変化がなければ、株価は、1株9万円（9億円÷1万株数）から1株3万円（9億円÷3万株数）に減少する。国税庁の発遣する「取引等に係る税務上の取扱い等に関する照会（同業者団体等用）（文書回答事例）『相続等により取得した種類株式の評価について』（平成19年2月26日回答）」と「資産評価企画官情報第1号／『種類株式の評価について』（情報）（平成19年3月9日付）」によれば、「…原則として、議決権の有無を考慮せずに評価するが、配当優先の無議決権株式について、一定の要件のもと、原則的評価方法により評価した価額から、その価額に5％を乗じて計算した金額を控除した金額により評価するとともに、控除した金額をその相続・遺贈により同族株主が取得したその会社の議決権のある株式の価額に加算した金額で評価することが選択できる…」となっていることから、原則として、議決権の有無（普通株式又は議決権制限種類株式）によって評価額は異ならない。

参考条文等

① 会社法108条《異なる種類の株式》

② 会社法183条《株式の分割》

③ 会社法185条《株式無償割当て》

④ 取引等に係る税務上の取扱い等に関する照会（同業者団体等用）

【文書回答事例】「相続等により取得した種類株式の評価について」（平成19年2月26日回答）

　無議決権株式については、原則として、議決権の有無を考慮せずに評価することとなるが、議決権の有無によって株式の価値に差が生じるのではないかという考え方もあることを考慮し、同族株主が無議決権株式（次の3に掲げる社債類似株式を除く。）を相続又は遺贈により取得した場合には、次のすべての条件を満たす場合に限り、上記（1）又は原則的評価方式により評価した価額から、その価額に5％を乗じて計算した金額を控除した金額により評価するとともに、当該控除した金額を当該相続又は遺贈により同族株主が取得した当該会社の議決権のある株式の価額に加算して申告することを選択することができることとする（以下、この方式による計算を「調整計算」という。）。

⑤ 資産評価企画官情報第1号／「種類株式の評価について」（情報）（平成19年3月9日付）

IV 財産評価

5 建物の建替え予定と不動産の評価

事例

　平成19年7月21日に、甲は父から昭和33年に建築された中古の区分所有のマンション（旧マンション）の贈与を受けた。当該マンションの贈与税の申告に際しては、不動産鑑定士の評価額（2,000万円）で行っているが、当該不動産鑑定士の評価額については、将来、建替える予測が考慮されていない。なお、鑑定書は「本件マンションは、住戸面積が狭く、建物等も老朽化し、居住性能は著しく不十分な建物である」として、財産評価通達よりも低い価額で評価している。当該マンションは、4階建ての5棟の共同住宅（全148戸で、1戸当たりの敷地の平均地積は約76㎡である）のうち5号棟に存する区分所有建物及びその敷地である。

　なお、当該旧マンションは容積率がかなり余って建てられており、仮に今建替えた場合、2倍の変換率で高層のビルを建築することが可能である。したがって、建替計画を前提に、本件マンション

207

を評価すると、相続税評価額（4,000万円）を超えることになる。

この場合、不動産鑑定士の評価は認められるか。なお、建替えの経緯等は、次のとおりである。

【建替えの経緯／管理組合等の動向】
① H18.2.18／臨時総会（建替推進決議（総数148票のうち133票賛成）等）
② H18.9.16／建替事業協力に関する覚書の締結
③ H18.9.16／建物基本計画案作成（２倍の変換率）の決議（総数148票のうち129票賛成）
④ H19.4.22／建物基本計画案の承認決議（総数148票のうち139票賛成）
⑤ H19.5.30／建替え事業協力に関する覚書（その２）の締結
⑥ H19.7.21／旧マンションの贈与
⑦ H19.10.28／建替え決議が区分所有者の全員の同意で成立
⑧ H20.11.11／甲は等価交換契約に基づき、代金と新マンションを取得

回答

旧マンションの評価については、近い将来において、建替えられる蓋然性が高く、「予測の原則」からも、旧マンションについては、建替計画を前提とした評価を行うべきであるから、建替計画を無視した不動産鑑定士の評価は認められない。

Ⅳ 財産評価

コメント

　不動産鑑定士の評価は、建替計画が考慮されず、もっぱら、旧マンションの状況（築50年を経過し、住戸面積は狭く、建物も経年劣化し、給排水設備は陳腐化し、エレベーターはなく高齢者に対応した構造になっておらず、居住性能は著しく不十分な建物）及び市場性を反映した比準価格を重視しているが、上記の建替えの経緯等からすると、本件贈与日（H19.7.21）においては、上記①〜⑤まで経過し、建替えに係る議題は圧倒的な賛成によって可決され、さらに、本件贈与日のわずか3か月後には、区分所有者の全員同意による建替え決議がなされ、建替え事業に係る等価交換契約によって、旧マンションを譲渡していることからすれば、本件贈与の日において、建替えが行われる蓋然性が極めて高いと認められる。そうすると、本件不動産鑑定士の評価は、これらの事情を十分に考慮されておらず、不動産鑑定評価基準にいう「予測の原則」（財の価格は、その財の将来の収益性等についての予測を反映して定まる。不動産の価格も、価格形成要因の変動についての市場参加者による予測によって左右される。（同基準の第4章の不動産の価格に関する諸原則Ⅵ））に基づく分析検討が客観的かつ十分になされていないということができる。

参考条文等

①　不動産鑑定評価基準

② 平成22.10.13裁決（東裁（諸）平22第81号（非公開））

不動産の価額は、価格形成要因の変動について市場参加者による予測によつて左右されるところ、（不動産鑑定評価基準総論第４章（不動産の価格に関する諸原則）の（11））、本件各不動産の評価に際しては、建替えの蓋然性が極めて高く、その場合には敷地の持分価額に見合う既存建物の２倍以上の面積の建物を取得できることが予定されていたことなどの事情等を考慮し比準価格を求めるべきところ、本件鑑定書における比準価格の算定は、これらの事情が十分に考慮されておらず、上記評価基準総論第４章の（11）に定める予測の原則に基づく分析検討が客観的かつ十分にされていないといわざるをえない。

Ⅳ 財産評価

6 認知裁判による取得財産の評価時期

事例

　被相続人甲は、平成26年3月に死亡し、その共同相続人A・B・Cの3人は、遺産分割協議をし、それに基づいて、相続税の申告書を提出した。その後、Dは、認知裁判の確定によって被相続人甲の相続人たる地位を取得したことによって、A・B・Cとの間において、相続財産のうち、G株式（10万株）のみDが相続するとする遺産分割協議の成立をみたことから、Dは、相続税の申告書を提出することになった。なお、Dの遺産分割協議の成立後、G株式については、G社の民事再生手続開始の申立てが公表され、その株価は65円に下落し、民事再生手続から会社更生手続に移行し、最終的には、上場廃止（G株価1円）となった。G株式の時価の推移は、次のようになっている。

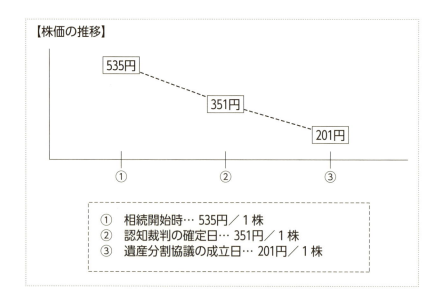

　Dは、認知裁判が確定したことによって、初めて遺産分割請求権の行使や取得財産の換価処分等が可能になることから、認知裁判の確定した日を「財産の取得日」と解して、G株式の評価額を上記②の「351円／1株」として、申告することができるか。又は、認知裁判後に行われた遺産分割協議の成立日（上図③）における「201円／1株」の評価額でのG株式の申告をすることは可能か。

回答

　民法は、相続人は、相続開始の時から被相続人に属した一切の権利義務を承継し（民896）、遺産の分割は、相続開始の時にさかのぼってその効力を生ずる（民909）旨規定しており、また、認知の場合についても、出生の時にさかのぼってその効力を生ずる（民784）旨規定していることから、被相続人に属していた財産は相続

IV 財産評価

開始と同時に相続人が承継することとなる。そうすると、「財産の取得の時」とは、被相続人に係る相続開始の時を指すものと解され、前述①の「535円／1株」がG株式の相続税の財産評価額になる。したがって、②の「351円／1株」及び③の「201円／1株」は認められない。

◤コメント◢

　Dが相続人たる地位を取得したのは、認知裁判が確定した日であることから、「財産の取得の時」は、認知裁判が確定した日とすべきであり、また、遺産分割請求権の行使や相続財産の換価処分等は、物理的にも認知された日以降でないとでき得ない状況にあることから、「評価時点」は、早くても認知裁判が確定した日とすべきであるとの考えもあるかもしれない。しかしながら、相続により取得した財産の価額は当該財産の取得の時における時価による旨の相続税法22条の規定からすると、相続等により取得した財産の評価時点も相続開始時と解するのが相当である。

　また、我が国の相続税法は、いわゆる法定相続分課税方式による遺産取得課税方式を採っていることから、すべての相続税の納税義務者について、相続開始時を基準とした課税を行うことを予定していること、民法784条が、認知は出生の時にさかのぼってその効力を生ずると規定していることからすると、被相続人の死亡後における認知裁判の確定により相続人となったDが当該相続により財産を取得した場合におけるG株式の取得時期についても、相続開始の時であると解される。さらに、その相続財産の評価時点についても、①相続税法22条において、相続により取得した財産の価額は、当該

213

財産の取得の時における時価による旨規定していること、②被相続人の死亡後における認知裁判の確定により相続人となった者が当該相続により財産を取得した場合におけるその財産の価額については、旧相続税法３条の２のような相続税法22条の例外としての別段の定めがないことから、その相続開始の時であると解される。

　なお、Ｇ株式の価格が下落したのは、相続開始後に生じた後発的要因によるものであることから、相続財産の価値に増減を来したとしても、その増減によって生じる利益又は損失は、いずれの場合においても、その財産を取得した相続人Ｄ自身に帰属することになる。

参考条文等

① 　民法784条《認知の効力》
② 　民法896条《相続の一般的効力》
③ 　民法909条《遺産の分割の効力》
④ 　相続税法22条
⑤ 　平成15.3.25裁決（要旨）

　　相続は、被相続人の死亡によって開始し、相続人は、被相続人の一切の権利義務を承継し、遺産の分割は、相続開始の時にさかのぼってその効力を生ずるものであることから、相続による財産取得の時期は、相続開始の時であると認められ、また、相続により取得した財産の価額は、当該取得の時における時価による旨の相続税法22条の規定からすると、相続等により取得した財産の評価時点も相続開始時と解するのが相当である。このことは、①認

知は出生の時にさかのぼってその効力を生ずること、②相続税法
２条、15条２項、16条、17条の各規定からすると、相続税法は民
法上の法定相続人が法定相続分に従って遺産を分割取得したもの
と仮定して相続税の総額を計算し、この相続税額を、実際に遺産
を取得した者がその取得分に応じて納付するといういわゆる法定
相続分課税方式による遺産取得課税方式を採用しており、また、
すべての相続税の納税義務者について、相続開始時を基準とした
課税を行うことを予定していること、③相続税法22条において、
相続により取得した財産の価額は、当該財産の取得の時における
時価による旨規定していること及び④被相続人の死亡後における
認知裁判の確定により相続人となった者が、当該相続により財産
を取得した場合におけるその財産の価額について、相続税法３条
の２のような相続税法22条の例外としての別段の定めがないこと
などからすると、相続人が、被相続人の死亡後に認知裁判が確定
したことにより相続人たる地位を取得した場合であっても、同様
であると解される。

⑥　旧相続税法３条の２《遺贈により取得したものとみなす場合》

　民法第958条の３第１項《特別縁故者に対する相続財産の分
与》の規定により同項に規定する相続財産の全部又は一部を与え
られた場合においては、その与えられた者が、その与えられた時
における当該財産の時価（当該財産の評価について第３章に特別
の定めがある場合には、その規定により評価した価額）に相当す
る金額を当該財産に係る被相続人から遺贈により取得したものと
みなす。

7 タワーマンションと租税平等主義

事例

被相続人甲は、平成26年10月に入院し、その翌月11月にタワーマンションを2億9,000万円で購入した。そのタワーマンションの相続税評価額は、土地4,200万円、建物1,700万円であった。甲はその年の12月に死亡した。翌年2月に、タワーマンションの名義を相続人である乙に変更した。そして、平成27年6月に、乙はタワーマンションを2億8,000円で売却した。

被相続人甲の相続税の申告に際して、タワーマンションの評価額を算出する際に、財産評価基本通達に基づく評価（土地：4,200万円／建物：1,700万円）が認められるか。時系列の流れは、次のとおりである。

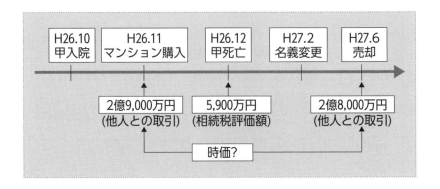

Ⅳ　財産評価

回答

　上記の事例では、相続開始の前後を挟んで、タワーマンションの売買が短期間で行われていることから、相続税法上の時価は、財産評価基本通達に基づいて評価することは妥当でなく、取得価額を時価として評価する。結果として、財産評価基本通達6が適用され、路線価（土地）、固定資産税評価額（建物）の評価方法は認められない。

コメント

　相続税法22条《評価の原則》は、「…相続、遺贈又は贈与により取得した財産の価額は、当該財産の取得の時における時価により…」と定めている。本件の場合、タワーマンションの時価を財産評価基本通達に基づいて評価すると、5,900万円になる。しかしながら、本件については、相続開始日を挟んで、取得価額（2億9,000万円）と売却価額（2億8,000万円）が明らかになっている。当然、取得価額及び売却価額は、「不特定多数の当事者間で自由な取引が行われた場合に通常成立する価額」であるから、相続開始時の「時価」に該当するとも解せられる。もし、これらを時価とすると、本件について、財産評価基本通達の評価方法が適用されないことになる。そうすると、租税平等主義の観点から問題が生じる。すなわち「財産評価通達に定められた評価方法が合理的なものである限り、これが形式的にすべての納税者に適用されることによって税負担の実質的な公平をも実現することができるものと解せられるから、特定の納税者あるいは特定の相続財産についてのみ右通達に定める方式以外の方法によってその評価を行うことは、たとえその方法によ

217

る評価額がそれ自体としては本条の定める時価として許容できる範囲内のものであったとしても、納税者間の実質的負担の公平を欠くことになり、許されない」（東京地裁平4.3.11判決）として、租税平等主義の観点から、特定の納税者に対して他の納税者と異なる評価方法を強いることは許されないと解せられる。

これに対して「財産評価通達による評価方法を形式的・画一的に適用することによって、かえって実質的な租税負担の公平を著しく害し、また、相続税法の趣旨や財産評価通達自体の趣旨に反するような結果を招来させるような場合には、財産評価通達に定める評価方法以外の他の合理的な方法によることが許されるものと解すべきである」（東京地裁平7.7.20判決）との意見がある。ここでは、「租税平等主義」と「租税負担公平主義」が対立しているように思われるが、どの局面において、どちらを採用すべきか検討しなければならない。

これらを整理し、私見を述べると次のようになる。すなわち、不動産を取得し、相続開始後、当該不動産を短期間で売却しなければ、租税平等主義を尊重して、「評価通達」に基づく評価方法を適用する。また、相続開始後、短期間で当該不動産を売却している場合は、「当該不動産がいわば一種の商品のような形で一時的に相続人及び被相続人の所有に帰属することとなったに過ぎない」（東京地裁平7.7.20判決）、すなわち取得から売却までの期間（フロー）を考慮したところの「フローの評価」をすべきであることから、租税負担公平主義を適用し、取得価額を相続税評価額とする。

Ⅳ 財産評価

	取得（価額）	評価通達	売却	根　拠
①	○	○	×	租税平等主義
②	○	○	○	租税負担公平主義

(注) 網掛け部分の評価方法を適用する。

　すなわち、不動産を取得し、当該不動産を継続して保有する場合
（表の①）において、当該納税者に財産評価基本通達に基づく評価
方法を適用させないということは、たとえ、その評価方法に基づく
評価額が妥当でないとしても、多くの納税者はその評価方法を適用
しているのであるから、租税平等主義の観点から財産評価基本通達
に基づく評価方法を適用させるべきである。これに対して、表の②
のケースは、実体は現金等であるにもかかわらず不動産に変貌して
いるに過ぎないことから、取得価額を評価額とすべきであろう。

　なお、タワーマンションの評価方法については、将来、同一のマ
ンションの中で、階によって評価額が異なる（20階は１階の10%
増し、30階は20%増しといった一定の補正率を適用）といった改
正が検討されている。

参考条文等

①　相続税法22条

②　財産評価基本通達6

③　財産評価基本通達26、89

④　東京地裁平成４.3.11判決

219

⑤　東京地裁平成7.7.20判決

　　財産の客観的交換価値は、必ずしも一義的に確定されるものではなく、これを個別に評価するとすれば、その評価方法等により異なる評価額が生じたり、課税庁の事務負担が重くなり、課税事務の迅速な処理が困難となるおそれがあるため、課税実務上は、財産評価の一般的基準を定めた財産評価通達に基づき、画一的に財産評価が行われているところ、予め定められた評価方法により画一的に評価を行う課税実務上の取扱いは、納税者間の公平の確保、納税者の便宜、徴税費用の節減という見地から見て合理的であり、そうした一般的には、租税負担の実質的公平をも実現することができ、租税平等主義にかなうと言うべきであるが、財産評価通達による評価方法を形式的、画一的に適用することによって、かえって実質的な租税負担の公平を著しく害し、又、相続税法の趣旨や財産評価通達自体の趣旨に反するような結果を招来させるような場合には、財産評価通達に定める評価方法以外の他の合理的な方法によることが許されるものと解すべきである。

⑥　平成23年7月1日裁決（非公開）
⑦　旧租税特別措置法69条の4

IV 財産評価

8 信託と受益権評価

事例

　甲（委託者）は、所有している収益不動産Aについて、乙（受託者）と「①収益を受ける権利（収益受益権）」と「②信託終了時に当該不動産の返還を受ける権利（元本受益権）」に分ける信託を設定し、信託期間中の収益を受ける権利は、その不動産を所有していた甲とし、10年後の信託終了時に当該不動産の返還を受ける権利を甲の子供である丙とした。

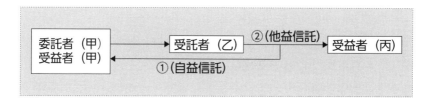

　この場合の信託設定時の課税関係はどのようになるのか。例えば、収益不動産の評価額を1,000とし、収益不動産の年間利益を100とした場合、どのような課税が生じるのか。

回答

　甲の「①収益受益権」は、委託者＝受益者であることから、100については従前同様、所得税が課税されるのみで、課税関係は発生

しない。丙については、信託の設定時に、「②元本受益権」の評価額0.5（1,000-収益受益権の評価額（999.5））が贈与税の対象として課税される。ちなみに、収益受益権の評価額（999.5）は、次のように計算される。

	計算式		計算式
1年目	100×1.000＝100	6年目	100×0.999＝99.9
2年目	100×1.000＝100	7年目	100×0.999＝99.9
3年目	100×1.000＝100	8年目	100×0.999＝99.9
4年目	100×1.000＝100	9年目	100×0.999＝99.9
5年目	100×1.000＝100	10年目	100×0.999＝99.9

（注）　平成28年6月の「複利表」の「複利現価率」を適用している。

◆コメント◆

　信託税制では、信託の効力が発生した場合、適正な対価を負担せずにその信託の受益者等（受益者としての権利を現に有する者及び特定委託者をいう）となる者があるときは、その信託の効力が生じたときにおいて、その信託の受益者等となる者は、その信託に関する権利をその信託の委託者から贈与により取得したものとみなされる。ただし、その信託の効力の発生が委託者の死亡に基因する場合には、遺贈とみなされる（相法9の2①）。

　本事例については、委託者である甲が「①収益受益権」を取得、すなわち、委託者＝受益者（自益信託）であるから、信託の設定時に課税関係は発生しない。これに対して、「②元本受益権」は、甲の子供である丙が取得すること（他益信託（委託者以外の第三者が

受益者となるような信託))になるので、上記の条文が適用され、贈与により取得したものとみなされる。この場合の「元本受益権」の評価額であるが、財産評価基本通達202では、次のように規定している。

イ　元本を受益する場合は、この通達に定めるところにより評価した課税時期における信託財産の価額から、ロにより評価した収益受益者に帰属する信託の利益を受ける権利の価額を控除した価額

ロ　収益を受益する場合は、課税時期の現況において推算した受益者が将来受けるべき利益の価額ごとに課税時期からそれぞれの受益の時期までの期間に応ずる基準年利率による複利現価率を乗じて計算した金額の合計

すなわち、元本の受益者と収益の受益者とが異なる場合においては、上に掲げる価額によって評価する。

以上の評価方法を算式にすると、次のようになる。

> 信託財産の価額1,000−収益受益権の評価額999.5
> ＝元本受益権の評価額0.5

このような計算をすることによって、丙は信託設定時に0.5の贈与税を課せられるものの、10年後の信託終了時には収益不動産Aを自動的に取得することになる。

参考条文等

①　相続税法9条の2

223

②　財産評価基本通達4-4

【基準年利率】

　第2章以下に定める財産の評価において適用する年利率は、別に定めるものを除き、年数又は期間に応じ、日本証券業協会において売買参考統計値が公表される利付国債に係る複利利回りを基に計算した年利率（以下「基準年利率」という。）によることとし、その基準年利率は、短期（3年未満）、中期（3年以上7年未満）及び長期（7年以上）に区分し、各月ごとに別に定める。

---

②　財産評価基本通達202

③　複利表（国税庁 / 平成28年6月分）

区分	年数	年0.01%の複利現価率
短期	1	1.000
	2	1.000

区分	年数	年0.01%の複利現価率
中期	3	1.000
	4	1.000
	5	1.000
	6	0.999

区分	年数	年0.01%の複利現価率
長期	7	0.999
	8	0.999
	9	0.999
	10	0.999

　　（注）　複利現価率は、定期借地権等の評価における経済的利益（保証金等によるもの）の計算並びに特許権、信託受益権、清算中の会社の株式及び無利息債務等の評価に使用する。

IV 財産評価

9 評価通達と特別な事情

事例

　被相続人Aは、①同人が保有していた甲株式会社（被相続人が代表者）の株式200万株を有限会社乙設立の際に時価を下回る低額で現物出資して出資口を取得し、その後、②同有限会社の出資口の52％相当を同株式会社の取引先に売却した。その８日後、被相続人Aが死亡した場合に、相続人らの相続税額及びそれを算定する前提となる本件有限会社乙の出資口の評価額の算定方法は、どのようにすべきか。すなわち、有限会社乙が所有する甲株式会社の200万株をどう評価するかである。

甲株式会社の株式200万株(総発行済株式数700万株)／１株25円（※）

　　　被相続人A　　　　　　　　→　　有限会社乙
　　　　　　　　①現物出資（平22.6 .8）

　　　　　　　　　　　　　　　　→　　有力取引先13社

②　各社4,000口（合計52,000口：52％）１口1,000円で譲渡（平23.12.5）

　　　※…１株当たりの時価は3,200円（総額64億円）
　　　　　他に不動産も現物出資

①　被相続人は、有限会社乙の出資口数９万9,995口を取得する。
　　配偶者５口を5,000円で取得する。
②　被相続人グループの有限会社乙への出資割合は48％になる。
　　被相続人は47,995口所有することになる。

225

回答

本件では、評価通達（188-2項及び185項）の定める原則とは異なる評価方法をとるべき特別な事情があると認められるから、本件有限会社の保有する株式の評価額を類似業種比準方式で評価して純資産の評価額を算出した上で、これから評価額と帳簿価額との評価差額に対する法人税等に相当する金額を控除せずに本件有限会社の出資1口当たりの評価額を算定することになる。

コメント

本件の主たる争点は、被相続人が保有していた有限会社乙が保有する甲株式会社の株式200万株の評価額（評価方法）である。

評価通達188では、「同族株主以外の株主等」が取得した株式については「配当還元方式」による評価方法を定めている。したがって、被相続人は、有限会社乙の52％の出資口数を、有力取引先に生前譲渡していることから、「同族関係者（法人税法施行令4条の規定を適用）」に該当しないことになる。すなわち、有限会社乙は、同族関係者（議決権の50％超所有）にあたらないことから、被相続人は同族株主（同族関係者の有する議決権の合計数が30％以上の株主グループに属する株主）にならない。そうすると、評価通達

188に基づく評価方法は、配当還元方式となり、同評価方法で評価すると、総額1億円となり、被相続人の現物出資時の時価64億円の1.56%となるのである。

　これに対して、「被相続人一族は、本件有限会社の総出資口数の48%という50%に極めて近い出資口を保有する一方、他の52%は、甲株式会社の本件各取引会社合計13社が、各4%ずつを保有しているに過ぎず、被相続人一族と個々の取引会社とを比べれば、その保有出資口割合において48%対4%という圧倒的な差が生じていることは明らかである」から、「かかる本件譲渡の目的や態様、甲株式会社及び本件有限会社を取り巻く卸売り業界の状況やこれらと本件各取引会社との関係等からすれば、本件譲渡によって形式的に原告らが保有する本件有限会社の保有出資割合が50%をわずかに下回る48%となったとしても、実質的には、本件有限会社の支配権は、原告らの手中にあるものということができる」（東京地裁平16.3.2判決）と考えることもできる。

参考条文等

①　法人税法施行令4
②　財産評価基本通達185
③　財産評価基本通達188-2
④　東京地裁平成16.3.2判決

　被相続人が保有していた同人が代表者を務めていた株式会社の株式を有限会社設立の際に時価を下回る低額で現物出資して出資口を取得し、その後、同有限会社の出資口の52%相当を同株式会

社の取引先に売却した後、その8日後に被相続人が死亡した場合に、相続人らの相続税額及びそれを算定する前提となる本件有限会社の出資口の評価額の算定方法が争われた事案で、本件では、評価通達（188-2項及び185項）の定める原則とは異なる評価方法をとるべき特別な事情があると認められるから、本件有限会社の保有する株式の評価額を類似業種比準方式で評価して純資産の評価額を算出した上で、これから評価額と帳簿価額との評価差額に対する法人税等に相当する金額を控除せずに本件有限会社の出資1口当たりの評価額を算定すべきであるとして、このような算定方法に基づいて被告がした更正処分及び過少申告加算税賦課決定処分を適法とした。

V

その他

1 みなし配当と租税回避

事例

甲社（発行会社）は、自己株式（37%）を、個人株主であるA（10%所有）と法人株主乙社（Aが支配する会社（27%所有））からそれぞれ取得する計画であった。

ところが、個人株主Aが、甲社に直接甲社の株式を譲渡すると、「みなし配当」（所法25①四）となり、当該みなし配当は、総合課税とされる上、Aは他に4,000万円超の所得があるため、55%（地方税を含めて）の税負担になる。そこで、Aの支配する乙社に対して、甲社の株式をいったん譲渡し、乙社は、自己の保有する27%の甲社の株式を甲社に譲渡する際に、併せて譲渡することとした。これによって、個人株主Aは、甲社の株式譲渡を「みなし配当」（総合課税）から「有価証券の譲渡」（分離課税）に変えることができる。すなわち、Aの税負担は、「55%」から「20%」に軽減するこ

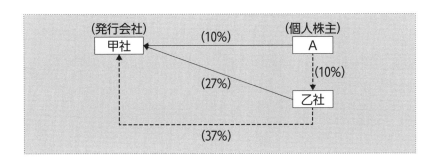

とができる。Aの行為は、租税回避として否認されるか。

　また、乙社は、Aから10%相当額の甲社株式を時価で取得することになるが、当該10%の株式の時価は、乙社が次のステップとして、甲社に譲渡するときには、取得価額となり、「譲渡損失」が発生することになる。例えば、時価1,000円／1株の甲社の株式を乙社がAから取得し、甲社に譲渡するとする。そして、交付金1,000円の内訳は、100円が資本相当部分で、900円が利益積立金とする。そうすると、乙社が甲社に対して、甲社株式を譲渡する際の仕訳は、次のようになる。

　　　現金1,000円　　　　／　みなし配当900円
　　　株式譲渡損失900円　／　甲社株式1,000円

　乙社がAから甲社の株式を取得したときの仕訳は、次のようになる。

　　　甲社株式1,000円　　　／　現金1,000円

　乙社の「みなし配当」は、益金不算入（法法23）となり、「株式譲渡損失」の900円は、認められることになるのか。すなわち、乙社の上記一連の行為によって、キャッシュフローに変化のないままに、「株式譲渡損失」のみを得ることができるのか。また、従前から乙社が所有している27%の甲社株式は、甲社に譲渡した際、課税上どのように取り扱われるのか。

回答

　Aの甲社株式を乙社に譲渡する行為は、租税回避行為として否認することはできない。また、乙社のAから取得した甲社株式（10%）を甲社に譲渡する際に発生する「みなし配当」は益金不算入にはならない（法法23③）。したがって、これらの行為によっ

て、乙社の所得金額には影響を与えない。ただ、従前から所有していた甲社株式（27％）は、「自己株式としての取得が行われることを予定」されているものには該当しないことから益金不算入になる。

◀コメント▶

　所得税法25条1項4号では、「当該法人の自己の株式又は出資の取得」については、金銭その他の資産の交付を受けたときには、「みなし配当」とする旨の規定がある。したがって、個人株主Ａが甲社に甲社株式を譲渡すると、配当所得（Ａの場合は55％負担）となる。その税負担を軽減するために、Ａの支配する乙社に甲社株式を譲渡し、有価証券の譲渡所得として、20％の税負担にする。Ａにとっては、甲社に譲渡するよりも乙社に譲渡する方が税負担が軽くなることから、納税者としては合理的な選択といえる。もちろん、譲渡価格は、適正な価格、すなわち時価でなければならない。このようなＡの行為については、課税庁は、税負担を軽減したとして、その行為（Ａ→乙社）を否定し、（Ａ→甲社）の行為に擬制することはできない。

　次に、乙社は、Ａから甲社株式を取得し、当該株式を発行法人である甲社に譲渡する。乙社は、もともと27％の甲社株式を所有しており、追加でＡから10％の甲社株式を取得したのである。乙社所有の甲社株式（27％）については、甲社に譲渡することから「みなし配当」（益金不算入）として、処理されることになる。

　ただし、平成22年度の税制改正によって、受取配当等の益金不算入制度を活用し、かつ、株式譲渡損失を実現させる等の租税回避行

為を封じることを目的とした規定が、以下のように設けられた。

「受取配当等の益金不算入制度及び外国子会社から受ける配当等の益金不算入制度について、法人が受ける配当等の額（自己株式の取得に基因するみなし配当の額に限る）の元本である株式で自己株式としての取得が行われることが予定されているものを取得した場合におけるその取得した株式に係る配当等の額（その予定されていた自己株式としての取得に基因するみなし配当の額に限る）については、適用されない（法法23③、23の2②、法令20の2）。」

なお、平成22年度の税制改正前に行われた租税回避で、発行会社（日本IBM）に自社株式を譲渡し、「みなし配当」（法法24①四）に該当することによって、「受取配当益金不算入」（法法23①）を適用した「IBM事件」がある。

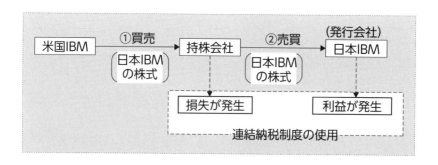

この事件については、法改正前に行われた租税回避であることから、納税者が勝訴（東京高裁平27.3.25判決）している。

参考条文等

① 所得税法25条1項4号

② 法人税法23条3項

③ 法人税法23条の2

④ 法人税法施行令20条の2

⑤ 最高裁平成28.2.18決定（IBM事件／納税者勝訴／上告不受理）

Ⅴ その他

2 タンス預金と重加算税

事例

被相続人Xは、平成26年1月5日に死亡し、その子であるA、B、C、Dが相続人となった。ところが、Dも平成26年5月15日に死亡した。AはDの夫として、EはDの子として、それぞれ遺産相続に係るDの相続税納税義務を承継した（国通法5）。

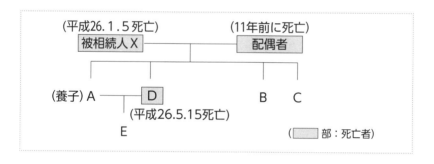

被相続人Xは、死亡直前まで株式会社甲製作所の代表取締役であり、多額の資産を形成しており、蓄積するには十分な資力があった。また、Xは、生前に、不動産を何度か売却し、多額の現金を保有していた。そして、Xはこれらの現金を、銀行に預金せず、自宅にタンス預金（以下「本件タンス預金」という）として隠していた。

Dは、Xの死亡直前まで、1年余りXと同居しており、Xがタン

235

ス預金として、現金を隠していた事実を知っていた。そして、X、D及びAはそれぞれ甲製作所の代表取締役、従業員及び取締役として同社の業務に関わりを持ち、さらに、Aが、Xの隠していた本件タンス預金を別の場所に移動させたのは、本件相続の開始後であり、それ以前は、もっぱらX又はその意思を受けたDがタンス預金の管理に当たっていた。D及びAは、本件タンス預金についての認識は、相続開始前から持っていた。なお、Eは別居していたので、タンス預金が存在していたという認識はなかった。また、B及びCもタンス預金の存在を知らなかった。

　この場合、重加算税は、誰に課されるのか。すなわち、Xの一部の財産がタンス預金として除外された場合、第一次相続分であるXの相続人D（Dの死後、その地位は、A及びEが納税義務を承継する）及びAについて重加算税が課せられるのか、また、第二次相続分の相続人であるA及びEは、その第二次相続取得分について重加算税が課せられるのか。

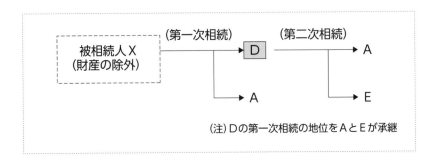

回答

　D及びAに帰属するXの財産（第一次相続）について、タンス預

金として、相続財産から故意に除外されている（A及びDがタンス預金に関与していた）ので、D（その地位を承継したA及びE）及びAについては、重加算税が課される。また、第二次相続税分については、Aは重加算税が課されるが、Eについては、本件タンス預金についての認識がなかったので、重加算税は課されない。

<u>**コメント**</u>

　Dは、Xの相続財産としてタンス預金が存在することを知っていたにもかかわらず、本件がタンス預金であることを奇貨として、本件申告からあえて除外したものである。当該行為は、相続税の課税価格の計算の基礎となるべき事実を隠ぺいし又は仮装したことに該当する。重加算税の要件は、①過少申告加算税を課される要件を具備していること、②納税者が、その国税の課税標準又は税額等の計算の基礎となるべき事実の全部又は一部を隠ぺいし、又は仮装することによって税額を過少計算し、納税申告書を提出していること、である（国通法68①）。B及びCについては、本件タンス預金についての認識がないので、重加算税ではなく、過少申告加算税が課される。

　したがって、隠ぺい又は仮装に関わっていたAについて、第一次相続分及び第二次相続分については、重加算税が課せられるが、Eは、本件タンス預金の認識がなかったので、第二次相続分については、重加算税は課せられない。ただし、Dの地位を承継した第一次相続分については、D自身が隠ぺい・仮装していたのであるから、Dの地位を承継したA及びEには、重加算税が課される。

237

第一次相続分	第二次相続分
D（重加算税） 納税義務者の承継 A及びE	A（重加算税）
B（過少申告加算税）	―
C（過少申告加算税）	―
A（重加算税）	E（過少申告加算税）

参考条文等

① 国税通則法5条

② 国税通則法68条1項

V その他

3 米国のLLCと帰属主体

事例

　甲は、米国において設立された乙というLLC（Limited Liability Company）に出資して、当該乙LLCが行う不動産賃貸業に係る損益（当該年度は損失1,000万円（甲の構成員持分割合））を甲の他の所得金額（2,000万円）と損益通算（マイナスの不動産所得）して申告する予定である。米国におけるLLCは、米国の州政府が制定した法律によって設立され、LLCが獲得した所得については、当該LLCの段階では課税されず、その構成員の段階で課税（パス・スルー課税）されることになっている。米国において、乙LLCは、ニューヨーク州の法律に基づいて設立され、乙LLC自体は納税義務者とはならず、乙LLCの構成員である個人及び法人が納税義務者となるとの説明を受けた。

　甲の米国における乙LLCの損益を、我が国において他の所得金

額と損益通算して申告することは、認められるか。

回答

　乙 LLC は、我が国の租税法上「法人格」を持った法人と解せられることから、米国において乙 LLC が行う不動産賃貸業から生じる損失のうち甲の構成員持分に見合う損失を甲の他の所得金額と損益通算することはできない。

コメント

　本件の争点は、乙 LLC が行う不動産賃貸業に係る損益の帰属主体が、乙 LLC 自体であるのか、甲を含む乙 LLC の構成員であるのかにある。すなわち、乙 LLC が我が国の「法人」に該当するか否かについての判断をする必要がある。法人に該当するのであれば、パススルーの規定のない我が国において、各構成員に対して法人の損益が帰属することはない。

　法人税法 2 条では、「内国法人」を「国内に本店又は主たる事務所を有する法人」と定義し、「外国法人」を「内国法人以外の法人」と定義しているのみで、法人そのものの定義がなされていない。このため、租税法上の法人そのものの概念は、民商法の私法上の概念を借用し、法秩序の一体性・法的安定性の観点から、その内容については、同一の意義に解すべきである。私法上、法人とは、「自然人以外のもので法律上、権利・義務の主体となることのできるもの」と解され、権利・義務の主体となることができる「法律上の資格」のことを法人格といっている。そして、国際私法上、外国の法律によって設立された事業体について、その設立準拠法の下で

与えられた法人格は、我が国でも承認されるものと解され、したがって、我が国の私法上の外国法人とは、「外国の法律によって設立され、その設立準拠法の下で法人格を与えられたもの」と解される。

租税法も私法上の法人の概念を借用しているのであるから、同様の意味内容に解することになる。すなわち、外国の法律によって設立され、当該設立準拠法の下で権利・義務の主体となることができる法律上の資格（法人格）が与えられた事業体は、我が国の租税法上の外国法人に該当し、我が国の租税法上の損益の帰属主体となるのである。

ちなみに、ニューヨーク州 LLC 法には、LLC の権利・義務の範囲等について、次のように規定されている。

①　裁判上又は行政上の問題について、訴訟の当事者となること

②　不動産を取得、所有又は使用すること

なお、同法203条では、「この章の規定により設立された LLC は、（構成員とは別個の）独立した法的主体であり、その存在は定款が無効になる時まで存続する。」とされ、また、同法601条では「LLC の出資持分は動産である。構成員は、LLC の所有する特定の資産に対して何の持分も有しない。」と規定している。

乙 LLC が、我が国の租税法上の「法人」に該当するのであれば、その損益は、パススルーによって、甲に帰属することはない。もちろん、米国において、LLC に対するパススルー課税があるということは、両国間の税制上の違いというだけであって、我が国の租税法に何ら影響を与えるものではない。

参考条文等

① 法人税法2条

② ニューヨーク州 LLC 法203条

③ ニューヨーク州 LLC 法601条

④ 東京高裁平成19.10.10判決（米国 LLC と「法人」の判定）

> 控訴人が、アメリカ合衆国ニューヨーク州のリミテッド・ライアビリティー・カンパニー法に基づき設立された本件 LLC の行った不動産賃貸業に係る収入を不動産所得及び雑所得として所得税の各確定申告をしたところ、被控訴人が本件 LLC が外国法人であることを前提として各更正処分等をしたことから、その取消しを求めた事案の控訴審で、本件 LLC は、自然人と異なる人格を認められた上で、実際にも、その名において、財産を所有、管理し、契約を締結するなど、控訴人らからは独立した法的実在として存在しているのであるから、我が国私法上（租税法上）の法人に該当すると解するのが相当であるなどとして、同旨の原判決を相当とし、本件控訴を棄却した（借用概念統一説）。

Ⅴ その他

4 親族間の売買とみなし贈与

事例

　甲（父）は、平成15年12月20日に、乙（長男）と丙（次男）の2人に甲所有の土地（駐車場）を相続税評価額（5,000万円）で譲渡した。そして、乙及び丙の共有となった当該土地は、そのまま駐車場として活用されている。ところで、この場合、当該土地の時価が7,000万円であったとすると、その差額について、乙と丙に「みなし贈与（相続税法7条）」として課税されるのか。また、甲は、当該土地をバブル時（平成2年）に1億円で取得しているため、本件譲渡によって、5,000万円の土地譲渡損失が発生しているが、当該損失は、平成15年の譲渡によるものであるから、平成16年度の税制改正（土地等の譲渡損失の他の所得との損益通算及び繰越損失の禁止）の規定の適用は回避されている。

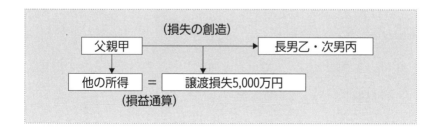

　なお、乙は、平成15年にたまたま祖母から300万円の金員の贈与

を受けていたので、平成15年度の贈与税の申告を行っていたのであるが、丙は、贈与を受けていなかったので、贈与税の申告は、もちろん行っていない。仮に、相続税法7条が適用された場合、乙と丙では、加算税の取扱いが異なるのか。

回答

本件については、相続税法7条の適用はない。すなわち、同条の「著しく低い価額で財産の譲渡があった場合には『時価』により取得したものとみなす」の時価について「時価の8割程度の差額」は、同条が適用されない。また、仮に、同条が適用された場合の加算税については、乙は贈与税の申告をしていることから「過少申告加算税」が賦課決定され、丙には「無申告加算税」が賦課決定されることになる。

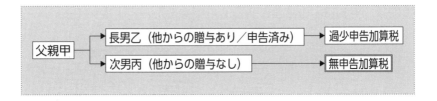

コメント

甲は、本件譲渡によって損失を発生させ、その損失を他の所得と損益通算し、自己の所得税を軽減（税負担の回避）しようとしたこと及び、乙と丙に実質的に、各1,000万円ずつの贈与をしようとしたことを前提として考えたとしても、相続税法7条は「著しく低い価額の対価で…」となっており、同条は「著しく」低い価額でない

限りは、時価よりも低額で譲渡したとしても、同条は、それを許容している（すなわち、単に低い価額ならば課税しない）と解せることから、相続税評価額（地価公示価格の8割程度）で譲渡しても、同条の適用はない。

東京地裁平成19.8.23判決は、以下の理由から、同条にいう時価とは、「地価公示価格」を示していると判断している。

① 課税実務上、宅地評価は財産評価基本通達で路線価方式を採用していること。
② 路線価は、「客観的な交換価値」である地価公示価格の80%程度をめどとして、国税局長が評定した価額であること。
③ 路線価は課税時期における地価変動を勘案して、客観的交換価値とは開差が存在すること。

また、本件については、甲の本件土地の保有期間は13年間で、その売買が平成16年度の税制改正の規制を回避するものであったとしても、それをもって、ただちに「異常で不当な取引」と言うことはできない。しかも、乙と丙は、当該土地をそのまま「駐車場」として保有しているのである。

しかしながら、例えば以下の図に示すように、短期間のうちに、

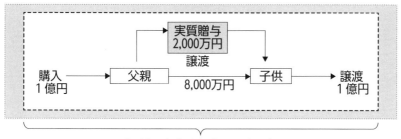

父親が1億円で購入した土地を子供に路線価の8,000万円で売却し、その子供がその土地を1億円で譲渡すると、2,000万円が実質的に父親から子供に贈与されたことになる。このような場合においても「相続税評価額」で譲渡することに対して課税が生じないということは言えないのであろう。すなわち、「取引の事情、取引当事者間の関係等を総合勘案し、実質的に贈与があったか否か」の判定がなされるものと思われる。

次に、仮に、相続税法7条が適用された場合には、乙は、その年に、たまたま他から贈与を受け、贈与税の申告をしていたことから「過少申告加算税」となり、丙は贈与がなかったために贈与税の申告をしなかったゆえに「無申告加算税」が賦課決定されることになったのである。乙と丙の本件贈与に関するこの取扱いの違いについて、同じ状況であるにもかかわらず、加算税が異なるということを鑑みると、加算税の制度そのものの見直しが必要なのかもしれない。

参考条文等

① 国税通則法65条
② 国税通則法66条
③ 相続税法7条
④ 東京地裁平成19.8.23判決（親族間の譲渡とみなし贈与／著しく低い価額）

> 相続税法7条は、時価より「著しく低い価額」の対価で財産の譲渡が行われた場合に課税することとしており、その反対解釈と

して、単に「低い価額」の対価での譲渡の場合には課税しないものである。これは、同条が、相続税の補完税としての贈与税の課税原因を贈与という法律行為に限定することによって、本来負担すべき相続税の多くの部分の負担を免れることにもなりかねない不都合を防止することを目的として設けられた規定であることに加え、一般に、財産の時価を正確に把握することは必ずしも容易でなく、しかも、同条の適用対象になる事例の多くを占める個人間の取引においては、常に経済合理性に従った対価の取決めが行われるとは限らないことを考慮し、租税負担の公平の見地からみて見逃すことのできない程度にまで時価との乖離が著しい譲渡の場合に限って課税をすることにしたものであると解される。

⑤　福岡地裁平成20.1.29判決（遡及立法の禁止／納税者勝訴）

⑥　東京地裁平成20.2.14判決（遡及立法の禁止／課税庁勝訴）

　（注）⑤については、福岡高裁平成20.10.21判決で原判決が取消（確定）

　　　されている。

5 被相続人の還付請求権と相続財産

> **事例**

被相続人甲は、生前、課税庁から所得税の更正処分等を受け、それに対して提訴していた。ところが、訴訟中に、甲は死亡し、甲の相続人である乙が同事件の地位を承継した。

その後、上記所得税の更正処分等の取消し判決が下され、同判決は確定した。この判決に基づいて、所得税額、過少申告加算税額、延滞税額及び還付加算金の合計額900万円（以下「本件過納金」という。）が乙に還付された。本件過納金（の還付請求権）は、甲の相続財産となるのか。

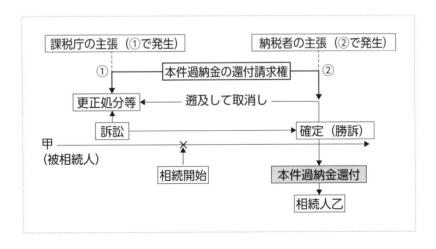

Ⅴ　その他

回答

　取消訴訟の確定判決によって取り消された行政処分の効果は、遡及して否定され、当該行政処分は、当初からなかった状態が回復されるから、本件過納金の還付請求権は相続財産に含まれる。

コメント

　本件の争点は、本件過納金の返還請求権が、甲の相続財産に該当するか否かである。相続財産は、金銭に見積もることができる経済的価値のあるすべてのもの（相基通11の2-1）をいい、物権、債権、債務のような現実の権利義務に限らず、未だ明確な権利といえない財産法上の法的地位なども含まれると解されている。

　また、相続税の納税義務の成立時点は、「相続又は遺贈による財産の取得の時」（国通法15②四）であるところ、相続人は相続開始の時から被相続人の財産を包括承継するものであり（民896）、かつ、相続は死亡によって開始する（民882）ことから、納税義務の成立時点は、原則として、相続開始時すなわち被相続人死亡時となる。

　本件過納金の原資は被相続人甲が拠出した納付金であるし、甲が生前、所得税更正処分取消訴訟を提起し、甲の死亡後、相続人乙がその訴訟上の地位を相続により承継したところ、所得税更正処分の取消判決が確定し、本件過納金が乙に還付されたものである。

　取消訴訟の確定判決によって取り消された行政処分の効果は、特段の規定のない限り、遡及して否定され、当該行政処分は、当初からなかった状態が回復される。この取消訴訟の原状回復機能はすべての取消訴訟に共通する最も重要な機能といえる。また、取消しの遡及効（民121）の原則とも整合する。

249

したがって、所得税更正処分も、同処分の取消判決が確定したことによって、当初からなかったことになるため、判決により取り消された範囲において被相続人甲が納めた税金が還付され（国通法56）、被相続人甲が納税した日を基準時として計算した日数に応じて法定の利率を乗じた還付加算金が支払われるのである（国通法58①）。これは、訴訟係属中に相続があった場合でも変わりはない。すなわち、所得税更正処分の取消判決が確定したことにより、被相続人甲が所得税更正処分に従い納税した日に遡って本件過納金の還付請求権が発生していたことになる。そして、所得税更正処分の取消判決の遡及効を制限する特段の規定も存在しない。

　よって、本件過納金の還付請求権は、被相続人甲の死亡時に甲の有していた財産に該当し、相続税の対象となる。

参考条文等

① 　民法121条《取消しの効果》

② 　民法882条《相続開始の原因》

③ 　民法896条《相続の一般的効力》

④ 　国税通則法15条2項4号

⑤ 　国税通則法56条

⑥ 　国税通則法58条

⑦ 　相続税法基本通達11の2-1

⑧ 　大阪地裁平成20.2.4判決（納税者勝訴）

> 　原告が、実母Ａの死亡により相続した財産にかかる相続税の申告をしていたところ、Ａが生前提訴し、原告がその地位を承継し

Ⅴ その他

ていた所得税更正処分等取消請求事件について取消判決が確定し、過納金が原告に還付され、これを被告がAの相続財産と認定して、その相続税につき更正処分がなされたため、その取消を求めた事案で、相続税法上の相続財産は、相続開始時（被相続人死亡時）に相続人に承継された金銭に見積もることができる経済的価値のあるものすべてであり、かつ、それを限度とするものであるから、相続開始後に発生し相続人が取得した権利は、それが実質的には被相続人の財産を原資とするものであっても相続財産には該当しないと解すべきであり、本件において、相続開始の時点で存在することが前提となる相続財産の中に、本件過納金の還付請求権が含まれると解する余地はないとして、請求を認容した。

⑨　福岡高裁平成20.11.27判決（課税庁勝訴）

被控訴人が、その実母であるAの死亡により相続した財産にかかる相続税の申告をしたところ、Aが生前提訴し、被控訴人がその地位を承継していた所得税更正処分等取消請求事件について、取消判決が確定したことから、その相続税につき更正処分が行われたことに対し、被控訴人が、その取消しを求めた事案の控訴審につき、取消訴訟の確定判決によって取り消された行政処分の効果は、特段の規定のない限り、遡及して否定され、当該行政処分は、当初からなかった状態が回復され、本件過納金の還付請求権は、Aの死亡時にAの有していた財産に該当し、相続税の対象となるから、本件更正処分は相当であるとし、請求を認容した原判決を取り消し、請求を棄却した。

⑩　最高裁平成22.10.15決定（上告棄却）

6 物納における管理処分不適格財産

事例

　被相続人甲は、分譲マンションが建っているＡ土地を以前から所有し、同マンションの各区分所有者と土地の賃貸借契約（以下「本件契約」という。）を締結していた。

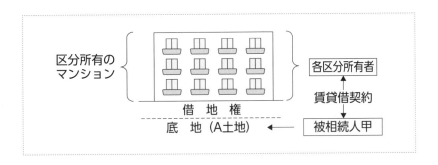

　本件契約においては、①賃借人による借地権譲渡に際し賃貸人の事前承認は不要とされ、また、②その譲渡に際し賃貸人がいわゆる承諾料を請求することができない旨の定めがなされていた。

　今回、甲の相続人である乙が、甲に係る相続に際して、Ａ土地の底地を物納申請したが、上記（①及び②）のような契約内容では「社会通念に照らし、契約内容が貸主に著しく不利な貸地」に当たり、「管理又は処分をするのに不適当な財産」（相法41②、相令18）に該当し、「管理処分不適格財産」として物納申請が認められないか。

> Ⅴ　その他

　なお、賃借人から受け取る地代は、近隣の相場からみて妥当な金額で、過去において滞納はない。

回答

　物納予定のＡ土地（底地）に係る本件契約は、貸主に著しく不利な契約に当たるとは認められないことから、Ａ土地（底地）は、賃貸契約の円滑な継続が困難な不動産ということができず、よって、物納申請は認められる。

コメント

　本件のように賃借権などの目的となっている土地（底地）の物納においては、物納が一種の代物弁済の性格を有することからも国は物納によって前賃貸人の地位を承継することになる。この場合の「地位を承継する」とは、底地そのものの所有権及びこれに伴う賃貸借契約における貸主の地位などの権利も移転することである。また、この承継に伴って、底地の売却処分による財政収入はもとより、前賃貸人の地位を承継したことによる賃貸料収入も承継することになる。

　よって、賃貸借の目的となっている土地（底地）の物納においては、継続的な財政収入としての賃貸料収入の確保の観点から、当然に賃貸借契約の円滑な継続が要請されるところ、「賃貸借契約の円滑な継続が困難な不動産」とは、例えば、次に掲げるものがこれに当たると解され、これに該当した不動産は、「管理又は処分をするのに不適当な財産」に当たると解される。

　①　賃貸料が近傍類似の賃貸料を大幅に下回るもの

253

② 賃貸料の滞納が見込まれるもの

③ 社会通念に照らし、契約内容が貸主に著しく不利な貸地であること

本件については、「近隣の相場からみて妥当な金額で、過去において滞納はない」のであるから、①及び②について問題はない。次に、③に該当するか否かであるが、まず、借地権付きマンションの敷地に関する借地契約については、区分所有者はその有する専有部分とその敷地利用権を分離して処分することができないことなどから、借地権の譲渡について事前承認条項がなくとも「貸主に著しく不利な貸地」ともいえない。また、承諾料の授受についても、借地権付きマンションの借地権譲渡に伴う承諾料の授受は必ずしも一般的でなく、契約慣行とまでは至っていないことから、「貸主に著しく不利な貸地」ともいえない。したがって、③にも該当しないことから、A土地（底地）は「管理又は処分をするのに不適当な財産」に該当しないことになる。

参考条文等

① 相続税法41条2項

② 相続税法施行令18条

③ 昭和63.10.31裁決

> 物納申請財産である本件貸地は、当事者間に賃貸借契約書が作成されていないため、賃借人を特定することができないなど、その契約内容が不明確であること、また、本件貸地の一部を不特定多数の者が生活用の道路として使用しており、現に公共の用に供

されていると認められることなどから、相続税法42条2項に規定
する「管理又は処分をするのに不適当な財産」に該当すると認め
られるので、物納財産変更要求をした原処分は相当である。

④　平成8.5.20裁決

　物納申請土地は、間口約2メートル、奥行約58メートルの東西
方向に長く極端に不整形である上、隣地との高低差が約2メート
ルあり、単独で通常の用途に供することができない土地であるこ
とから、物納財産として管理又は処分をするのに不適当と認める
のが相当であり、したがって、物納財産の変更を求めてした原処
分は適法である。

⑤　平成9.4.9裁決

　請求人は、本件物納申請土地について、売却可能と判断される
価格として相続税法の規定に基づき課税を行う一方、これが売却
できる見込みのない不動産であるとして物納を認めないのは不合
理である旨主張するが、相続税の課税は、相続による財産の取得
という事実につき担税力を認めて行われるものであり、一方、物
納財産の適否は、国が物納された財産の管理又は処分により金銭
納付があった場合と同等の経済的利益を将来現実に確保すること
ができるかという観点から判断されるのであって、ある相続財産
について、それが課税価格計算の基礎となった財産であるからと
いって、そのことから直ちに当該財産が物納財産として適すると
いうことにはならず、管理又は処分をするのに不適当とされるこ
ともあり得るというべきである。本件物納申請土地は、いわゆる

間口狭小であって、建築基準法及び△△県建築安全条例によれば建築物の敷地として適していないことはもちろん、自動車の出入りも困難であることから駐車場への転活用も困難であること、そして、原処分庁は、物納財産の管理官庁である○○財務局との協議の結果、現状のままでは管理又は処分をするのに不適当と判断し、請求人に隣接地主との用地買取り交渉等所要の補完を求めたが、結局、補完できなかったことが認められる。したがって、本件物納申請土地は現状のままでは売却できる見込みのない不動産であり、管理又は処分をするのに不適当と判断せざるを得ない。

Ⅴ その他

7 税務調査と書面添付

事例

　被相続人甲（A株式会社（以下「A社」という）の会長）の相続税の申告後、A社に税務調査が入り、その結果、売上除外・簿外資産等（隠ぺい・仮装に基づくもの）が見つかり、法人税の更正処分が行われた。その結果、A社の株価にも影響し、A社の株価は、1株5,000円から8,000円に上昇した。甲は、A社の株式2万株を所有していたが、株価の変動によって、相続財産が6,000万円増加することになる。

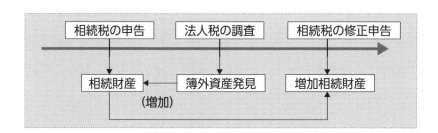

　なお、被相続人甲の相続税の申告書には、税理士法33条の2に基づく「書面添付」をしていた。その後、税務署から、相続人乙（A社の社長）に意見聴取を行う旨の連絡がなされたため、乙は、ただちに、上記株価変動による相続税の修正申告を行った。この場合、当該相続税の修正申告に係る過少申告（重）加算税はどのようにな

るのか。

　また、意見聴取ではなく、法人課税部門から株価の変動があることの連絡を受けた資産課税部門が、その連絡に基づいて、直接相続人乙等にその旨を伝え、相続税の修正申告の勧奨を求めてきたときはどうか。

回答

　意見聴取における質疑等に基因して、修正申告書を提出しても、更正があるべきことを予知してされたものには当たらない。したがって、本件については、過少申告加算税も重加算税も課されない。

　しかしながら、法人の更正処分に基づいて、相続税が変動することを資産課税部門から直接指摘され、それに基づいて、修正申告を求められた場合には、修正申告を提出しても重加算税は課される。

コメント

　書面添付制度は、税理士法33条の2に規定する計算事項等を記載した書面を税理士が作成した場合、当該書面を申告書に添付して提出した者に対する調査において、更正前の意見陳述に加え、納税者に税務調査の日時場所をあらかじめ通知するときには、その通知前に、税務代理を行う税理士又は税理士法人に対して、添付された書面の記載事項について意見を述べる機会を与えなければならない（税理士法35①）。この書面添付制度について、国税庁は「税務当局が税務の専門家である税理士等の立場をより尊重し、税務執行の一層の円滑化・簡素化に資するとの趣旨によるものである」（調査課における書面添付制度の運用に当たっての基本的な考え方及び事務

258

V その他

手続等について（事務運営指針）（平24.12.19））と述べている。そして、この意見聴取の内容について「意見聴取における質疑等は、調査を行うかどうかを判断する前に行うものであり、特定の納税義務者の課税標準等又は税額等を認定する目的で行う行為に至らないものであることから、意見聴取における質疑等のみに基因して修正申告書が提出されたとしても、当該修正申告書の提出は更正があるべきことをを予知してされたものには当たらないことに留意する」（同上）としている。

したがって、意見聴取については「調査」に該当しないことから、意見聴取の段階において「修正申告書」を提出しても「更正があるべきことを予知してされたものには当たらない（国通法65⑤）」としている。

次に、資産課税部門が法人課税部門から、法人税の調査の結果、相続財産が増加する旨の連絡を受け、相続税の調査を前提として、相続税の修正申告を相続人乙に求めたときには「過少申告＋隠ぺい・仮装」であることから、重加算税が課せられることになる（国通法68①）。なお、意見聴取について、税理士法35条2項のただし書きで「申告書及びこれに添付された書類の調査により課税標準等の計算について法令の規定に従っていないことが明らかであること又はその計算に誤りがあることにより更正を行う場合には、この限りではない」と規定されている。したがって、計算に誤りがあることが明らかであることで上記のただし書きに該当すれば、課税庁は、「意見聴取」には拘束されない。

本件のように、法人税の税務調査によって、当該法人の株価が変動（上昇）することが明らかになった場合、課税庁は、それに基づ

259

いて、相続税の更正処分若しくは修正申告の勧奨を行うことができるのであるから、その場合においては、重加算税は課されることになる。また、法人税において、「過少申告＋隠ぺい・仮装」として、重加算税が課されても、相続税においても「過少申告＋隠ぺい・仮装」であるから、同一の不正事実に基づくものであっても、重加算税は両税目に課される。

参考条文等

① 税理士法33条の2
② 税理士法35条
③ 国税通則法65条
④ 国税通則法68条
⑤ 重加算税が2つ以上の税目に影響する場合の取扱い（重加算税に係る事務運営指針）

○ 隠ぺい・仮装による認定賞与については、法人税と源泉所得税について二重の重加算税は課されない。

○ 不正事実に基づいて、所得税又は法人税に重加算税が課せられた場合、それによって影響を受ける消費税についても重加算税は課される。

○ 法人税の更正処分（隠ぺい・仮装）によって、株価が変動し、相続税が増加する場合においても、相続税については、原則として重加算税は課される。

8 相続によって取得した賃貸マンションと簡便法

事例

甲は、甲の父親である乙の所有していた賃貸マンション（以下「Ａマンション」という。）を相続によって取得した。乙は、Ａマンションを20年前に新築で取得し、Ａマンションの耐用年数は47年（法定耐用年数）であった。そして、乙は、Ａマンションについて、定額法によって減価償却をしていた。

今回、相続によって取得した甲は、Ａマンションについて、中古資産として、「簡便法」（耐用年数省令３①二）を適用することができるか。

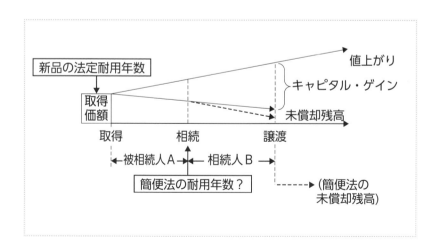

回答

甲は、相続によって取得したＡマンションについて、「簡便法」を適用して、減価償却することはできない。

コメント

相続によって取得した減価償却資産については、所得税法施行令126条2項で、「取得価額は、当該減価償却資産を取得した者が引き続き所有していたものとみなした場合における…取得価額に相当する」と規定し、これは、「取得価額」は、取得した者（甲）が引き続き所有していたものとみることを定めたものである。この「取得価額」は「耐用年数」及び「残存価額」と同様、減価償却の三要素の1つで、適正な期間損益計算を行う場合、これらは、セットとして結合しているものである。すなわち、「取得価額」と「耐用年数」及び「残存価額」は、同じ減価償却の要素であり、いずれの要素を欠いても、適正な期間損益計算を行うことはできない。したがって、減価償却そのものは、減価償却の三要素を別個に切り離しているのではなく、同じ次元のものとしているのである。

ところで、この3つの要素は、減価償却の前提であるが、その中の「取得価額」は、客観的な認識（測定）に基づいて導かれる。企業会計及び税法において、固定資産は、取得原価（価額）によって評価しなければならないという「取得原価（価額）主義」を採用している。この取得価額には、そもそも予測（仮定）では導かれない。それに対して、「耐用年数」及び「残存価額」は、予測（仮定）である。それゆえに、条文（所令126②）では、客観的に認識（測定）の可能な「取得価額」のみを引き続き所有していたものと

V その他

規定したのである。その意味では、「耐用年数」及び「残存価額」は、「取得価額」に対して「従属的な位置」にあるといえるかもしれない。また、企業会計原則・第三貸借対照表原則五においても「貸借対照表に記載する資産の価額は、原則として、当該資産の取得原価を基礎として計上しなければらない」と規定し、「取得価額」を中心的なものとして、その重要性を明示している。もっとも、これらの三要素は、会計上も費用処理をする大前提のものであるから、これらのうち、1つでも欠けると減価償却の計算はできなくなることは、前述したとおりである。

減価償却の計算は、①②及び③を減価償却の要素とし、この三要素を前提に、次のステップとして「減価償却方法」が選択される手順となる。

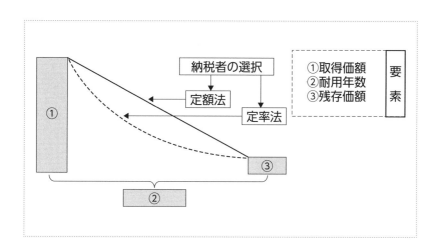

したがって、次図に示すように、取得価額を引き継ぐということは、耐用年数も引き継ぐことを意味している。

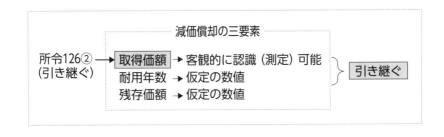

　相続によって取得した減価償却資産は、法令（所令126②）で取得価額を引き継ぐことが定められ、その減価償却資産に取得価額を引き継いだまま、簡便法を適用すると、償却費が増加するため、中古資産を取得した者と比較すると、不合理な結果が生じる。さらに、被相続人の取得した「新品」を相続によって取得した場合、そもそも中古資産として「簡便法」を適用する必要性があるのか、はなはだ疑問である。また、仮に「中古」であったとしても被相続人の採用していた「法定耐用年数」そのものが、相続人にとって、その「中古」の合理的に見積もった耐用年数と解することも可能である。

　本件については、所得税法施行令126条の「取得価額」は、「耐用年数」とセットで考えるべきで、そうすると同条は、耐用年数も引き継ぐと理解することが相当である。よって、相続によって取得したＡマンション（減価償却資産）に係る減価償却の計算において、簡便法による耐用年数は適用できない。

参考条文等

①　所得税法49条2項

> Ⅴ その他

② 所得税法60条1項1号

③ 所得税法施行令126条2項

④ 耐用年数省令3条1項2号

⑤ 大阪高裁平成26.10.30判決（最高裁平成28.2.5決定／上告棄却）

> 　X（控訴人・原告）は、相続により本件各減価償却資産を取得
> したものであり、前所有者であるAは、本件各減価償却資産を新
> 品として取得し、それぞれ法定耐用年数を適用していることが明
> らかであるから、Xによる本件各減価償却資産の取得について
> は、上記の法定耐用年数がXに引き継がれ、減価償却資産の耐用
> 年数等に関する省令3条1項の規定は適用されないというべきで
> あり、よって、Xは、これらの償却費の計算において、簡便法に
> 基づいて算出した耐用年数を用いることはできない。

9 未分割の不動産所得

事例

　甲（被相続人）の相続財産の中に、賃貸マンションがあったが、共同相続人である乙（長男）及び丙（次男）の2人の間で、その賃貸マンションを誰が相続するかについて、当初決めていなかった。

　賃貸マンションからは、月額100万円の不動産所得があり、相続開始日が平成27年6月30日であったため、翌月の7月から12月までの6か月分（600万円）について、国税庁タックスアンサー（No. 1376）では、共同相続人が相続分に応じて申告することになっていたが、平成28年3月10日に、乙と丙の間の話し合いで、乙がその賃貸マンションを相続する合意が成立したため、平成27年分の不動産所得の申告を乙1人で行うことにした。

　税務上、乙が単独で当該不動産所得を申告することは認められるか。

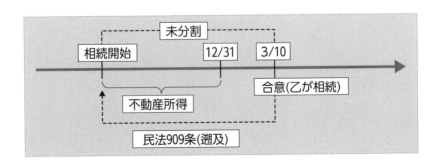

Ⅴ　その他

回答

　乙のみで平成27年分の不動産所得を申告することは認められる。

　「相続開始後遺産分割までの間に相続財産から生ずる家賃は、相続財産から生ずる法定果実であるが相続財産とは別個の共同相続人の共有財産であり、その分割ないし清算は、原則的には民事訴訟手続によるべきものである。ただし、相続財産と同時に分割することによって、別途民事訴訟手続によるまでもなく簡便に権利の実現が得られるなどの合理性があることを考慮すると、相続財産と一括して分割の対象とする限り、例外的に遺産分割の対象とすることも許容されるが、この場合には、当事者の訴権を保障する観点から、当事者間にその旨の合意が存在することが必要であると解するのが相当である。」（参考／大阪高裁昭63.1.14決定）（下線：筆者）

コメント

　未分割の不動産所得の帰属について、税務訴訟ではないが、下記の最高裁平成17年9月8日「預託金返還請求事件」の判決がある。

　「遺産は、相続人が数人あるときは、相続開始から遺産分割までの間、共同相続人の共有に属するものであるから、この間に遺産である賃貸不動産を使用管理した結果生ずる金銭債権たる賃料債権は、遺産とは別個の財産というべきであって、各共同相続人がその相続分に応じて分割単独債権として確定的に取得するものと解するのが相当である。遺産分割は、相続開始の時にさかのぼってその効力を生ずるものであるが、各共同相続人がその相続分に応じて分割単独債権として確定的に取得した上記賃料債権の帰属は、後にされた遺産分割の影響を受けないものというべきである。」（下線：筆者）

267

この最高裁の判断を受けて、国税庁は、未分割遺産から生ずる不動産所得は、法定相続分に応じて申告することを求め、また、分割が確定した後については、分割の確定を理由とする更正の請求又は修正申告を行うことはできないとしているようである。しかしながら、民法909条は、「遺産の分割は、相続開始の時にさかのぼってその効力を生ずる。」と定め、この規定を前提として、上記最高裁の下級審である大阪地裁平成15年9月26日の判決では、「遺産から生じる法定果実はそれ自体遺産ではないが、遺産の所有権が帰属する者にその果実を取得する権利もまた帰属するのであるから（民89②）、遺産分割が遡及効を有する以上（民909）、遺産分割の結果ある財産を取得した者は、被相続人が死亡した時以降のその財産から生じた法定果実を取得することができる」と判示している（大阪高裁平成16.4.9判決も同様に解している）。

　上記最高裁の判決は、相続開始から遺産分割までの間、共同相続人の共有に属することを根拠として、その判断を導いているが、そもそも未分割の遺産の果実を共有とする理由は、遺産分割に遡及効があり、賃貸中のマンションを相続時に遡及して取得すれば、相続後に生じた賃料は、当該不動産を取得した相続人に帰属すると解することも可能であるが、遺産分割によって権利帰属が確定するまでの間は、共有状態にある（民898）ことからすると、共同相続人の共有財産として扱わないと後に複雑な法律関係が生じることになるから、相続後の賃料を遺産とは別個のものとして扱われてきたのであると説明されている。そうすると、特に複雑な法律関係を考慮する必要のない場合には、共同相続人に相続分に応じてそれぞれ申告を強要する必要はないと思われる。相続人の素直な心情からすれ

Ⅴ その他

ば、特別な事情がない限り、民法909条を根拠として、当該遺産を取得した者がその果実を取得し、申告することの方が妥当と解せられる。

参考条文等

① 民法898条《共同相続人の効力》

② 民法909条《遺産の分割の効力》

③ 大阪高裁昭和63.1.14判決

④ 最高裁平成17.9.8判決（預託金返還請求事件）

⑤ 国税庁タックスアンサー　No.1376「不動産所得の収入計上時期」

【Q】　賃貸の用に供している不動産を所有していた父が亡くなりましたが、遺言もなく、現在共同相続人である3人の子で遺産分割協議中です。この不動産から生ずる収益は長男の名義の預金口座に入金していますが、不動産所得はその全額を長男が申告すべきでしょうか。

【A】　相続財産について遺産分割が確定していない場合、その相続財産は各共同相続人の共有に属するものとされ、その相続財産から生ずる所得は、各共同相続人にその相続分に応じて帰属するものとなります。したがって、遺産分割協議が整わないため、共同相続人のうちの特定の人がその収益を管理しているような場合であっても、遺産分割が確定するまでは、共同相続人がその法定相続分に応じて申告することとなります。なお、遺産分割協議が整い、分割が確定した場合であっても、その効果は未分割期間中の所得の帰属に影響を及ぼすものではありませんので、分割の確

定を理由とする更正の請求又は修正申告を行うことはできません。

10 サービサーからの債権買取と課税関係

事例

　甲は、甲の父親乙の債務1億円（B銀行からの借入金）について、連帯保証をしていたところ、父親乙は株式取引の失敗で、大損をし、資力喪失の状態となった。連帯保証人の甲は、小児科医であるが、資金がなく返済に苦慮していたところ、当該債務1億円については、B銀行が、不良債権として、サービサー丙に500万円で譲渡し、さらに、サービサー丙は、甲に対して、1,000万円で当該債権を譲渡したい旨を伝えてきた。この場合、甲が1,000万円で取得すると、甲にはどのような課税問題が生じるのか。

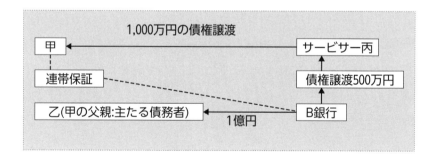

　また、この設例では、乙は資力喪失の状態であるという前提であるが、仮に、乙が死亡し、相続によって、当該債務を甲が引き継ぐ場合、どのような課税関係になると考えたらよいのか。

回答

　父親の乙が資力喪失の状態で、甲が連帯保証人として、当該債権（甲の債務）を1,000万円でサービサー丙から取得した場合には、甲に課税問題は生じない。しかしながら、甲が相続により乙の1億円の債務を取得し、その後、当該債務について甲が1,000万円で取得した場合には、甲に対して一時所得として課税される。ただ、甲が直接当該債権を取得するのではなく、甲の知人・親族又は関係会社等が取得する場合には、額面1億円の債権そのものは法律上残っている（甲の額面の債務は未だ残っている）のであるから、課税問題は、（事実認定によっても左右されるが）原則として生じない。

コメント

　所得税法36条1項では、「金銭以外の物又は権利その他経済的な利益」も収入金額と規定している。そして、所得税基本通達36-15（5）で、「買掛金その他の債務の免除を受けた場合におけるその免除を受けた金額又は自己の債務を他人が負担した場合における当該負担した金額に相当する利益」が経済的利益として具体的に示されている。甲は、連帯保証人として、1億円の債務を保証していた（肩代わりした）のであるが、サービサー丙に対して1,000万円を支払うことによって、当該1億円の保証債務は消滅する。甲がその債権を放棄した場合、「経済的な利益の金額」は9,000万円ということができるが、その利益を直接に享受するのは、主たる債務者である父親の乙ということになる。甲は、あくまでも連帯保証人としての地位にあり、主たる債務者である乙が直接「経済的な利益」を受けるということになる。すなわち、甲は、単に、乙の経済的な利益を

反射(間接)的に受けたことになるだけなのである。従って、甲には課税問題は生じない。そして、所得税基本通達36-17(債務免除益の特例)では、「債務免除益のうち、債務者が資力を喪失して債務を弁済することが著しく困難であると認められる場合に受けたものについては、各種所得の金額の計算上収入金額又は総収入金額に算入しないものとする」と規定されているのであるから、資力喪失の状態である乙に対しても、課税されないことになる。

次に、乙が死亡し、相続によって、当該債務を甲が引き継ぐ場合、どのように課税関係を考えたらよいのであろうか。この場合には、前述したように、「経済的な利益」を既に死亡している乙にあるという理論構成は取りにくいことから、相続によって債務を引き継いだ甲が、9,000万円の経済的な利益を享受したものと解さざるを得ない。そうすると、所得税法34条《一時取得》では、雑所得を除く8つの所得以外の所得で、「営利を目的とする継続的行為から生じた所得以外の一時の所得で労務その他の役務又は資産の譲渡の対価としての性質を有しないもの」と規定していることから、一時所得に該当する。

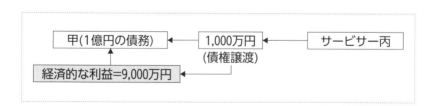

ただし、甲以外の、例えば、甲の知人又は取引先等の法人に当該債権を買い取ってもらう場合には、1億円という額面の債権そのも

のは法律上、残っているのであるから、甲に経済的な利益が生じたと言うことはできない。しかしながら、甲と債権を取得した者との関係等の事実認定によっては、甲と債権を取得した者が実質的に一体であると認定された場合には、経済的な利益が生じている（すなわち、実質的に返済しなくても良いという事実）として甲に課税されることは考えられる。すぐれて、事実認定の問題といえる。甲の支配する同族会社が当該債権を取得するのであれば、税務署長による所得税法157条《同族会社等の行為又は計算の否認等》の適用も考えられる。

参考条文等

① 所得税法34条
② 所得税法36条
③ 所得税法157条
④ 所得税基本通達36-17
⑤ 所得税基本通達36-15（5）

■著者紹介

八ッ尾　順一
（やっお　じゅんいち）

昭和26年生まれ

京都大学大学院法学研究科（修士課程）修了

現　　在：近畿大学法学部教授・公認会計士・税理士

　　　　　大阪大学大学院高等司法研究科（法科大学院）招聘教授

著　　書：『交際費（第5版）』（平成19年）中央経済社／『入門連結納税制度』（平成11年）
財経詳報社／『第5版／事例からみる重加算税の研究』（平成26年）／『（新装版）
入門税務訴訟』（平成22年）／『六訂版／租税回避の事例研究』（平成26年）／『マ
ンガでわかる遺産相続』（平成23年）以上、清文社／『やさしくわかる減価償却』
（平成12年）日本実業出版社／『対話式相続税増税時代の実務と対策』（平成
26年）ぎょうせい　他

論　　文：「制度会計における税務会計の位置とその影響」で第9回日税研究奨励賞（昭
和61年）受賞

その他：平成9～11年度税理士試験委員

　　　　　平成19～21年度公認会計士試験委員（「租税法」担当）

　　　　　在外研究（Visiting Scholar, University of Hawai William S.Richardson School of
Law: 2009）

　　　　　平成26年11月にファーストCD「Zeikin Song」と「税理士哀歌（エレジー）」をリリース。
平成27年9月にセカンドCD「税金アラカルト」と「消費税よ、どこへ行く…」
をリリースし、平成28年9月にサードCD「TAX HAVEN」と「愛しきタック
スマン」をリリースした。

事例による　資産税の実務研究
税務判断のポイント64

2016年11月15日　発行

著　者　　八ッ尾　順一　ⓒ

発行者　　小泉　定裕

発行所　　株式会社　清文社

東京都千代田区内神田1－6－6（MIFビル）
〒101-0047　電話 03（6273）7946　FAX 03（3518）0299
大阪市北区天神橋2丁目北2－6（大和南森町ビル）
〒530-0041　電話 06（6135）4050　FAX 06（6135）4059
URL　http://www.skattsei.co.jp/

印刷：亜細亜印刷㈱

■著作権法により無断複写複製は禁止されています。落丁本・乱丁本はお取り替えします。
■本書の内容に関するお問い合わせは編集部までFAX（06-6135-4056）でお願いします。
＊本書の追録情報等は、当社ホームページ（http://www.skattsei.co.jp/）をご覧ください。

ISBN978-4-433-62206-0

平成28年10月改訂
相続税・贈与税取扱いの手引
☆Web版サービス付き

上願敏来 編　相続税・贈与税に関する最新の法令通達を有機的関連のもとに配列するとともに、関係書式を適宜の箇所に配置する等、取扱いの一覧性を主眼として編集。

■B5判1,528頁/定価：本体 4,600円+税

平成28年版
法人税の決算調整と申告の手引
☆Web版サービス付き

舩冨康次 編　一般法人の確定申告のために必要な、各事業年度の所得の金額及び法人税額の計算並びに申告納付のための実務手引書として、法人税に関する法律・政令・省令及び通達を体系的に整理収録。

■B5判2,168頁/定価：本体 4,800円+税

平成28年版
申告所得税取扱いの手引
☆Web版サービス付き

野田高士 編　所得税に関する規定をできるだけわかりやすいものとするため、最新の法令を中心に、政令・省令・告示、さらに通達等を一同に掲載し、一覧性・有機的関連性をもたせて整理編集。

■B5判1,808頁/定価：本体 4,200円+税

平成28年10月改訂
資産税実務問答集

木匠　正／岡本和之 編　資産税(相続税・贈与税・譲渡所得など)に関する取扱いについて、計算例や図解を織りまぜ、一般的な事例から専門分野にわたるものなどまで幅広くとりあげ、問答形式により体系的に整理編集。

■A5判816頁/定価：本体 3,200円+税

平成28年版
個人の税務相談事例500選

十萬大靖 編　所得税・資産税・消費税、個人及び個人事業にまつわる税金に関する質問を選りすぐり、Q&A方式でわかりやすく解説。

■A5判936頁/定価：本体 3,800円+税